FACULTÉ DE DROIT DE LYON

DES

SOCIÉTÉS FROMAGÈRES

DE FRANCHE-COMTÉ

THÈSE POUR LE DOCTORAT

PAR

V. GABET

AVOCAT

PARIS

LIBRAIRIE NOUVELLE DE DROIT ET DE JURISPRUDENCE

ARTHUR ROUSSEAU, EDITEUR

14, RUE SOUFFLOT ET RUE TOULLIER, 13

1896

THÈSE

POUR LE DOCTORAT

FACULTÉ DE DROIT DE LYON

DES
SOCIÉTÉS FROMAGÈRES
DE FRANCHE-COMTÉ

THÈSE POUR LE DOCTORAT

L'ACTE PUBLIC SUR LES MATIÈRES CI-APRÈS
Sera soutenu le mercredi 17 juin 1896

PAR

V. GABET

AVOCAT

Président : M. FLURER, *professeur*.
Suffragants : { MM. ENOU, *professeur*.
SOUCHON, *agrégé*.

PARIS

LIBRAIRIE NOUVELLE DE DROIT ET DE JURISPRUDENCE
ARTHUR ROUSSEAU, ÉDITEUR
14, RUE SOUFFLOT ET RUE TOULLIER, 13

1896

DES
SOCIÉTÉS FROMAGÈRES

DE FRANCHE-COMTÉ

AVANT-PROPOS

Il existe en Franche-Comté des associations toutes spéciales, que les habitants appellent *fruitières,* et dont le but est la fabrication des fromages. Leur origine est fort ancienne, au moins dans la partie montagneuse du Doubs et du Jura : là, en effet, la rigueur du climat rend toute culture improductive ; seul l'élevage du bétail permet de tirer quelque profit d'un sol peu fertile.

Au témoignage de Strabon, le lait était autrefois un des aliments principaux des Séquanais (1). Grâce aux dérivés qu'en a su tirer l'industrie fromagère, il est encore aujourd'hui une source importante de richesse pour le pays comtois. La nécessité d'opérer sur une grande quantité de lait a conduit les propriétaires à former ou à maintenir entre eux des associations qui sont

(1) Cibus plerumque cum lacte est (lib. IV).

1

demeurées soumises à des usages très anciens et très curieux. Les modifications, aussi nombreuses que profondes, apportées durant ce siècle à la réglementation des sociétés, n'ont pas atteint nos fruitières. Les législateurs de la Constituante et les rédacteurs de nos Codes ont pu imposer à la liberté d'association des conditions rigoureuses ; elles ne s'y sont pas soumises. Les lois, plus libérales, du 24 juillet 1867 et du 21 mars 1884, leur apportaient peut-être des facilités et des avantages : elles n'ont pas voulu ou n'ont pas su en profiter. Aussi, pour ne s'être pas pliées aux formes légales, pour ne s'être pas enfermées dans le cadre étroit d'un texte, ont-elles conservé ce caractère « tout patriarcal et tout charmant (1) » qui rend leur étude si particulièrement attrayante.

Quelques auteurs, que nous aurons souvent l'occasion de citer, ont déjà traité cette matière. Si nous y revenons après eux c'est que nous avons cru intéressant, et même pratiquement utile, de rechercher, aussi loin qu'il est possible, l'origine des Sociétés fromagères. Le côté purement historique de la question a, en effet, à peine été effleuré par nos devanciers. Son importance est pourtant réelle. Portalis disait fort justement : « Les Codes des peuples *se font* avec le temps, mais, à proprement parler, *on ne les fait pas* (2) ». Il en est de même des

(1) V. Hugo, *Les misérables*, livre II, IV.
(2) Fenet, *Recueil complet des travaux préparatoires du Code civil*, t. I, p. 476.

institutions juridiques ; elles ne se créent pas tout d'une
pièce, mais sortent, par des modifications insensibles,
des institutions du passé. On ne saurait donc bien comprendre ce qui existe aujourd'hui sans connaître ce qui
a été autrefois.

Dans notre sujet surtout, où nous aurons à étudier
des coutumes anciennes, des usages dès longtemps observés, il est nécessaire de remonter jusqu'aux sources.
L'origine des Sociétés fromagères établie, et leur fonctionnement primitif expliqué, il sera plus facile de comprendre le caractère et l'organisation des associations
actuelles. Peut-être aussi ces recherches nous condui-
ront-elles à défendre, sur plusieurs points, des conclusions différentes de celles soutenues jusqu'à ce jour.

L'industrie fromagère est restée très longtemps can-
tonnée sur les hauts plateaux du Jura ; ce n'est qu'à une
époque rapprochée de la nôtre qu'elle s'est étendue aux
pays de la plaine. Toute la partie historique de notre
travail concernera surtout les pays montagneux de la
Comté et spécialement la Terre de St-Claude. Celle-ci,
en effet, a conservé jusqu'à la Révolution la condition
mainmortable. Les usages anciens y ont donc laissé,
plus que partout ailleurs, une trace profonde et durable,
qu'aujourd'hui encore il est facile de retrouver.

INTRODUCTION HISTORIQUE

Plusieurs siècles après la conquête romaine, les hauts plateaux du Jura étaient encore inhabités. Une immense forêt s'étendait de la vallée de l'Ain à la plaine du Léman, traversée au Nord par la voie qui reliait la Gaule à l'Helvétie et à l'Italie, passant par La Ferrière et Pontarlier, et coupée au midi par le Rhône au pas de Cluse. La civilisation gallo-romaine s'était arrêtée au pied de ces montagnes où elle avait construit les villes d'Antre et d'Izernore.

Les premiers habitants de cette région déserte furent les moines fondateurs de l'abbaye de Condat. Ils en devinrent propriétaires, tant par le droit du premier occupant que par des concessions royales, dont la plus ancienne remonterait peut-être à Hilpéric, et dont les autres sont dues aux libéralités de Pépin le Bref, de Charlemagne, de Lothaire et de Louis d'Outre-Mer. Les chartes originales de ces concessions, et de quelques autres, moins importantes, sont conservées aux Archives du Jura (Fonds de l'abbaye de St-Claude) (1).

Des colons séculiers suivirent bientôt les religieux de Condat dans leur retraite. De vastes domaines restaient

(1) Dom Benoit, *Histoire de l'abbaye et de la Terre de St-Claude*, t. 1. Rougebief, *Histoire de la Franche-Comté*, p. 597.

à défricher ; ils en obtinrent la concession. Les parties les plus tempérées de la Terre de St-Claude, au voisinage des deux monastères de Condat et de Lauconne, furent habitées et cultivées dès le VIe siècle. Les immigrations furent d'autant plus nombreuses que les contrées voisines de la Bourgogne étaient ravagées par les incursions des Alamans et des Lombards. Leurs habitants, fuyant devant les envahisseurs, cherchaient un refuge dans les montagnes du Haut-Jura. Peu à peu cette contrée, autrefois déserte, se peuple et se défriche, et au Xe siècle déjà des hameaux sont bâtis sur les plateaux les plus élevés de la Terre de St-Claude.

Il est inutile de suivre pas à pas les progrès de cette colonisation. Nous constaterons seulement que toutes les concessions de terres faites du VIe au XVIe siècle par l'abbaye, ou par les seigneurs voisins, étaient *des concessions en mainmorte* : « Nos vieux titres, écrit Dunod (1), prouvent que c'était la condition commune des personnes de la campagne ». Au VIe siècle, dit la *Chronique rimée* (2), l'abbé admit des laïques à Condat :

> Hic admisit seculares in Condatiscenci loco,
> Ipsisque loca concessit, sub annuali tributo,
> Ut construerent hic domos, *reservato dominio.*

Au XVIe siècle, la condition mainmortable était encore offerte à dix mille Français qui émigraient en

(1) *Traité de la mainmorte*, chap. I, p. 16.
(2) *Libellus metricus*, ou chronique rimée de l'abbaye de St-Claude, par un anonyme du XIIe siècle, cité par Dom Benoit, *op. cit.*, t. I, p. 201.

Comté, ainsi que le rapporte Dumoulin : « Sub Francisco primo et Henrico secundo, magna multitudo Gallorum (Francos vocare pudet), præsertim e Picardia et Neustria, ingentibus infinitarum collectarum exactionibus oppressa et expilata, in Comitatum Burgondiae sensim demigrantes, ultra decem millia, hospitio suscepti sunt, in sylvis ad culturam reducendis, *sub conditione Manusmortuæ* (1) ».

L'exactitude des faits que nous venons de résumer a été contestée par Christin, dans sa *Dissertation sur l'établissement de l'abbaye de St-Claude*. A son dire, les montagnes du Jura étaient peuplées avant même la conquête romaine, et leurs habitants étaient de condition libre ; les prétendues concessions royales que nous avons rappelées n'auraient jamais existé réellement, et les chartes qui nous ont été transmises ne seraient pas authentiques. Les moines les auraient fabriquées eux-mêmes, pour colorer d'un titre apparent la servitude qu'ils avaient imposée aux premiers propriétaires de la terre de St-Claude. Les arguments de Christin ont été récemment reproduits par M. Chassin, dans une étude sur « *l'Église et les derniers serfs* (2) ».

Nous ne croyons pas que cette thèse soit exacte. Christin fut le défenseur courageux et éloquent d'une noble cause : celle de l'affranchissement des serfs du Haut-

(1) Cité par Dunod, *Traité de la mainmorte*, chap. I, p. 16.
(2) *Journal des économistes*, 1879 et 1880.

Jura ; sa « Dissertation » est une arme de combat, ce
n'est pas l'œuvre d'un historien impartial.

Au surplus nous n'avons pas à prendre parti dans
cette discussion. Que la condition de mainmorte ait été
établie au moyen d'une usurpation, ou qu'elle soit née
de l'exercice légitime d'un droit, son existence n'en est
pas moins certaine. Il nous suffit de constater que, depuis une époque très reculée, les habitants du Haut-Jura
étaient mainmortables. Sauf de rares exceptions, ils ont
conservé cette condition jusqu'à la Révolution de 1789,
et l'auteur du *Mémoire des privilèges et des droits de
l'abbaye de St-Claude* pouvait encore écrire, en 1742 :
« Le droit de mainmorte et d'échûte est beau et lucra-
tif : il consiste en ce que les personnes qui sont mainmortables, *comme sont tous les paysans*, venant à mou-
rir sans enfants ou sans parents en ligne directe qui
ayent conservé la communion native, tous leurs meu-
bles et leurs immeubles appartiennent au seigneur » (1).

Mais le mainmortable ne vit point isolé. On connaît
le puissant esprit d'association qui s'est manifesté au
moyen âge, sous l'influence de conditions sociales et de
nécessités économiques particulières. Pour lutter avec
succès contre la féodalité, les bourgeois fondent les
communes, qui, de gré ou de force, obtiendront de leur
seigneur des chartes de liberté : les artisans s'enrôlent
dans les corporations de métiers, dont la puissance as-

(1) *Annuaire du Jura pour l'année* 1883, page 36.

sure leur sécurité ; les roturiers forment entre eux, par
le seul fait « de la codemeurance ensemble », les *sociétés taisibles*, qui ont si largement contribué au développement de leur indépendance. Les mainmortables, eux
aussi, cherchent dans l'association la force de résister
aux exactions du seigneur féodal et le moyen de paralyser son droit d'échûte. Les *communions mainmortables*
se fondent peu à peu ; tantôt le seigneur fait spontanément abandon de son droit en considération des avantages qu'il va retirer de la communauté ; tantôt il résiste, et une lutte sourde s'engage, dont le mainmortable, grâce à l'aide des légistes, sortira enfin vainqueur.
On cherche dans le Digeste ou dans le Code, et on y découvre des arguments qui empruntent toute leur force
à la vénération dont on entoure alors la *ratio scripta* (1).
On crée une fiction de droit : la communion mainmortable n'est pas un agrégat d'individus dont chacun tiendrait du seigneur, à titre de précaire, un domaine particulier ; c'est un être moral, distinct des personnes qui
la composent, survivant à leur mort, et seul possesseur
des terres concédées, en sorte qu'au décès de l'un des
membres sa part accroît à ses parents communiers sans
que le seigneur ait rien à y prétendre.

Ce dernier trouve aussi son avantage dans l'association de ses tenanciers : les terres sont mieux cultivées,

(1) Cod. lib. I, tit. III, *de episcopis*, l. 20. — lib. VI, tit. 62, *de hereditatibus decurionum*, l. 1 et seq. — lib. X, tit. 14, *Si liberalitatis imperialis*, l. 1.

les mainmortables plus riches, et surtout le paiement des redevances est mieux assuré, les « comparsonniers » en étant solidairement tenus. Et ainsi finit par s'introduire dans les coutumes le principe que les communiers mainmortables succèdent les uns aux autres : « Gens de mainmorte ne peuvent succéder les uns aux autres, dit l'article 16 de la coutume de Franche-Comté, sinon tandis qu'ils sont demeurant en commun ».

Trois conditions étaient, à l'origine, indispensables à la formation de la communion mainmortable : l'indivision des biens, l'habitation commune et la dépense en commun. Une seule de ces conditions venant à faire défaut, la communion était dissoute. Telle est du moins la conséquence nécessaire de l'article 17 de la coutume du comté de Bourgogne : « La coutume par laquelle l'on dit que le feu et le pain partent l'homme de mortemain est étendue quand gens de mainmorte font leurs dépens chacun à sa charge, et séparément l'un de l'autre, supposé qu'ils demeurent en une même maison ».

Mais bientôt on se relâcha de cette rigueur : « C'est une grande contrainte, écrit Dunod (1), de vivre dans une même maison, avec des personnes de tout âge, de tout sexe et d'humeurs différentes, dont les unes sont foibles et valétudinaires, les autres saines et robustes ; les unes laborieuses et industrieuses, les autres fainéantes et sans génie. Ceux qui ont plus de biens, d'esprit,

(1) Dunod, *Traité de la mainmorte*, p. 134.

de force ou de santé, trouvent qu'ils perdent beaucoup
à n'acquérir que par portions égales avec les autres. Il
entre dans ces communions des gendres et des brus
qui, n'y étant pas nés, n'y trouvent pas de l'attrait et
qu'on y regarde souvent de mauvais œil ». Aussi l'on
admit facilement que l'habitation pouvait être différente
pourvu que la dépense restât commune. « Ce n'est pas
d'une habitation matérielle, comme de demeurer sous
le même toit et dans la même maison, dit encore Dunod (1), que notre coutume induit la communion ; c'est
d'une habitation *formelle*, causée par la communion
des biens et la communication du travail, du revenu et
de l'industrie, dont l'effet est de vivre aux frais de la
communion et d'acquérir en commun ».

Une jurisprudence libérale alla encore plus loin ; des
trois conditions exigées à l'origine, une seule reste indispensable, l'indivision des biens : « La séparation
d'habitation, de feu et de pain ne rompt pas la communion ; elle subsiste tandis que les biens sont com-
muns (2) ». Ainsi disparaissent peu à peu les inconvénients de la communion mainmortable primitive ; grâce
à une interprétation très large de la coutume, on arrive
à se contenter d'une communion fictive, qui conserve
tous les avantages de l'ancienne association sans en
imposer les charges et les gênes.

(1) *Ibid.*, p. 104.
(2) Favre, cité par Dunod, *op. cit.*, p. 106. Taisand, *Titre de la
mainmorte*, art. 13, note 1.

A la différence des Sociétés ordinaires, dont la dissolution est entraînée par le décès d'un de leurs membres,
la communion mainmortable se perpétuait avec les hé-
ritiers qui y prenaient la place de leurs auteurs. Chaque
communier pouvait sortir librement de la communion,
mais son départ n'en provoquait pas la dissolution ; le
fait de tous les communiers y devait concourir (1). Celui
qui se retirait reprenait la part à laquelle il avait droit
dans les biens indivis, mais la communion persistait
entre les autres membres s'ils laissaient leurs biens en
commun. La dissolution complète, définitive, ne pouvait
s'opérer que du consentement de tous les communiers.

Nos anciens villages étaient composés de plusieurs
communions ou agrégats de famille ; les affaires communes étaient gérées par des *syndics* ou *prudhommes*,
élus, pour une durée déterminée, par l'assemblée générale composée de tous les chefs de famille. Le rôle des
syndics était limité aux actes d'administration ; ils
étaient chargés de lever les tailles et impositions, et
étaient investis d'une basse justice de police leur per-
mettant d'infliger des amendes aux délinquants. Mais
s'il s'agissait d'affaires importantes, « comme d'un prêt
considérable ou de passer transaction pour terminer un
procès (2) », l'assemblée générale était appelée à les
décider.

(1) Dunod, *op. cit.*, p. 91.
(2) Fremenville, *Traité du gouvernement des biens des communautés d'habitants*, chap. 10, p. 190.

Ce régime municipal est très bien décrit dans une charte concédée en 1390 par Guillaume de la Baume, abbé de St-Oyend (1), aux mainmortables de Longchaumois et d'Orsières. En voici les termes principaux :

« Les habitants se sont plaints à nous que, dans leurs villages, il n'est personne qui soit élu au nom de la communauté pour traiter et arranger les affaires communes : de là les intérêts généraux se trouvent compromis, ce qui porte un préjudice considérable à tous les particuliers. C'est pourquoi ils nous ont humblement supplié de vouloir bien accorder que tous les habitants desdits villages puissent élire, de trois ans en trois ans, deux ou quatre prudhommes ou syndics, *duos vel quatuor probos homines seu sindicos*, qui aient le droit et le devoir de gérer leurs affaires, de répartir et de lever chaque année les tailles anciennes, ou les autres subsides, pour fait de la communauté.

Ayant égard à la supplique des habitants, et considérant qu'elle ne peut porter aucun préjudice à notre église, nous leur avons accordé par une grâce spéciale, et leur accordons par la teneur des présentes, pour nous et nos successeurs, la faculté d'élire, à l'unanimité ou au moins à la majorité des suffrages, de trois ans en trois ans, quatre prudhommes ou syndics, capables de gérer leurs affaires et de lever, selon l'ancienne coutume, les

(1) St-Oyend de Joux est, comme Condat, une des anciennes dénominations de la ville appelée aujourd'hui St-Claude.

tailles et aussi les subsides, selon qu'ils le jugeront ex-
pédient.

Ils pourront imposer une amende de 12 deniers à tous
ceux qui refuseront de payer les tailles imposées (1) ».

La mainmorte et les communions mainmortables ont
subsisté très longtemps en Franche-Comté et spécialement dans la terre de St-Claude. La raison doit surtout
en être attribuée à des conditions économiques particulières. L'association avait seule rendu possible le défri-
chement du Haut-Jura ; elle favorisait aussi la culture
de ces terres peu fertiles. Jouffroy d'Abbans a pu justement dire dans son *Mémoire pour le Chapitre noble de
St-Claude* : « La loi de rester en société ou communion
fut imposée aux familles soit pour favoriser et étendre
la population, soit pour les mettre plus en état de faire
valoir les terres, en réunissant sous un chef un plus
grand nombre d'ouvriers et de cultivateurs. *Vis unita
fortior* ». Telle est aussi l'opinion de Clerc : « La culture,
écrit-il dans son *Histoire de Franche-Comté* (2), ne fut
possible sur les terres du Haut-Jura qu'à la condition
de mainmorte ».

Ajoutons que les abbayes comtoises, riches et indé-
pendantes, n'avaient pas besoin de se procurer des ressources en affranchissant leurs serfs à prix d'argent.
Elles n'avaient pas eu, comme les seigneurs des provin-
ces depuis longtemps françaises, à soutenir contre le

(1) Cité par Dom Benoit, *op. cit.*, t. II, p. 134.
(2) *Histoire de Franche-Comté*, tome I, p. 305.

pouvoir royal une lutte d'où la féodalité était sortie vaincue et désorganisée ; aussi l'esprit féodal s'était-il conservé en Franche-Comté avec toute sa force. Il fallut le grand mouvement philosophique du XVIIIᵉ siècle pour apporter aux mainmortables du Jura les idées d'indépendance et de liberté ; il fallut la Révolution de 1789 pour les affranchir de leur longue servitude.

Telle était l'organisation économique de la Franche-Comté, et telle était la condition sociale de ses habitants, lorsque l'industrie fromagère y fut introduite. Nous croyons, avec Munier (1), que l'origine des fruitières remonte à la naissance même de nos villages, et, sur ce point, nous sommes en complet dissentiment avec nombre d'auteurs, qui osent à peine la placer dans la seconde moitié du XVIIᵉ siècle (2). Nous nous séparons aussi de Munier lorsqu'il affirme que la fabrication des fromages ne fut connue qu'au XVIIIᵉ siècle dans la terre de St-Claude (3). Voici les arguments sur lesquels se fonde notre opinion.

Une tradition fort ancienne raconte que l'industrie fromagère fut apportée dans nos montagnes par les habitants de la Suisse, et spécialement par ceux du Valais. L'histoire n'y contredit point. Les Helvètes ont, en

---

(1) *Manuel des fromageries,* p. 25.
(2) Tripard, *Des associations fruitières,* p. 60 ; Gauthier, *Annuaire du Doubs pour* 1881, p. 89 ; Garouste, *Les fruitières,* Léon Say et Chailley, *Dictionnaire d'économie politique,* Vᵒ *Laiterie et fruitières.*
(3) *Op. cit.,* p. 51 et suiv.

effet, connu de très bonne heure la fabrication des fromages ; leurs produits étaient fort estimés à Rome, au
dire de Varron, de Pline et de Columelle (1). Les procédés qu'ils employaient, et que Columelle décrit minu-
tieusement (2), sont encore en usage aujourd'hui. Dans
une lettre fort curieuse qu'il adressait en l'an VIII à
Parmentier, Droz fait remarquer que l'industrie fromagère remonte à une époque très reculée, puisqu'il existe
« dans la carte de Peutinger, sur la route des Alpes
Pennines à Genève, un lieu dit *Casuaria*, qui annonce
une ancienne fromagerie (3) ».

Les habitants des hauts plateaux du Jura ne tardèrent
pas à connaître les procédés de fabrication employés
par leurs voisins. Des relations fréquentes existaient
entre eux ; les seigneurs et les abbayes possédaient des
terres sur le territoire de la Comté et sur celui des Helvètes ; Condat envoyait des religieux à Romainmoûtier
et à St-Maurice d'Agaune, dans le Valais ; les puissantes
familles de Montfaucon, de Chalon, de Thoire Villars,
s'unissaient de bonne heure aux comtes de Savoie et de
Genève ; de nombreux colons, chassés par les invasions
des Alamans, venaient, des pays de Vaud et du Valais,
défricher les solitudes des Monts Jura, et apportaient

(1) Varron, *De re rustica*, lib. II ; Pline, *Natural. histor.*, lib. XXXVII,
XI, 42 ; Columelle, *De re rustica*, lib. VII.
(2) *De re rustica*, lib. VII.
(3) Lettre du citoyen Droz au citoyen Parmentier sur la fabrication
des fromages dans les départements du Doubs et du Jura (*Annuaire
du Jura pour l'année* 1880, p. 40).

avec eux l'industrie fromagère, qui prit une rapide extension.

Au XIIe siècle, rapporte l'historien anonyme des miracles de St-Claude, les habitants des montagnes s'étaient adonnés à l'élevage du bétail. « Auprès du monastère de St-Oyend, dit-il, est une gorge longue et étroite, enfoncée entre des montagnes élevées, et cachée, par sa profondeur même, aux rayons du soleil. Les rochers à pic qui bordent cette gorge portent un plateau étendu, fournissant de gras pâturages aux nombreux troupeaux qu'on y entretient (1) ».

En l'année 1190 les sires de Chatillon de Michaille fondent un prieuré à Culture. Le prieur « avait droit aux langues de toutes les vaches et génisses qui se tuaient dans l'étendue de la seigneurie. Il percevait le fromage fabriqué dans une journée sur ceux qui menaient paître leur bétail sur les montagnes de Froide Combe, des Nerbiers et du Reculet (2) ».

Le *Rationale administrationis*, que D. Monnier appelle pittoresquement le *Code du réfectoire*, écrit par Vaucher de Roche de 1462 à 1466, nous donne de curieux détails sur les « pitances de fromage » dues à chaque religieux (3).

Guy d'Usier, qui fut abbé de St-Oyend de 1439 à 1442, acense, du consentement de son chapitre, aux habitants

(1) *Miraculor. S. cl.*, lib. I, c. III, n. 33.
(2) Dom Benoit, *op. cit.*, p. 599, n° 1118.
(3) IIIe part., f° 99 et suiv.

2

de Trélex, pour eux et leur commune, « les préls de Les Moille, de Corps et les préls de Covelu, en la joux de Saint-Cergues, avec les places et pasturages tendant des préls de Moille, de Corps, de Covelu vers ladite joux, pour faire une *fruitière*, sous la cense de tous les fromages qui se feront de tout le bestial de ladite communauté et village de Trélay en deux jours, une chascune année, tels qu'il plaira audit révérend abbé ou à son châtelain de Saint-Surgues, à sçavoir un jour du premier mois que ledict bestial viendrait pasturer en ladicte fruitière, et un autre jour du dernier mois qu'elles y demeureraient » (1).

Enfin, pour arrêter ici une énumération que nous pourrions faire beaucoup plus longue, nous trouvons, dans les réclamations de plusieurs communes, la preuve que les habitants des Monts Jura entretenaient de nombreux troupeaux, dont les produits étaient leur unique ressource. Or qu'auraient-ils pu faire de quantités de lait très considérables s'ils avaient ignoré les moyens de le convertir en fromage ?

En 1528 les échevins de Septmoncel représentent à l'abbé de St-Claude que leurs administrés « n'avaient d'autre moyen de subsister que d'élever une grande quantité de bétail ; qu'ils avaient receu de toute ancienneté la permission de jouir des haultes montagnes et

---

(1) Dom. Benoit, *op.cit.*, II, p. 288. *Arch. du Jura*, Fds de St-Claude, layette 56, n° 24.

lieugs commungs pour l'entretien de leur bétail, et de mettre les bois en culture ».

Le 19 novembre 1549, les habitants de Longchaumois et d'Orsières représentent au Parlement de Dôle qu'ils ne reçoivent de la Saunerie de Salins que quatre charges de sel par semaine, ce qui fait à peine un demi-salignon pour chaque ménage, car « ils sont, disent-ils, neuf-vingts feux et ont quatre mille têtes de bétail ».

Les preuves que nous venons de donner nous semblent établir suffisamment que l'industrie fromagère était connue, au moins dès le XIVe siècle, dans la partie montagneuse de la Comté. Or, à cette époque, tous les habitants y étaient soumis à la condition mainmortable ; entre eux s'étaient formées les communions que nous avons étudiées au début de cette introduction ; les villages possédaient une organisation municipale analogue à celle que nous avons vu concéder, en 1390, aux communautés de Longchaumois et d'Orsières. Ce fait a une importance considérable dans notre sujet. C'est une erreur, croyons-nous, de considérer les associations fruitières comme ayant toujours été des Sociétés particulières, créées de toutes pièces par la volonté des intéressés. Elles ont coexisté, pendant plusieurs siècles, avec les Communions mainmortables, auxquelles elles ont dû emprunter les usages qui les régissaient. Elles ont trouvé une organisation toute faite dans celle qui avait été établie pour les communautés d'habitants. Les syndics ou prudhommes, nommés pour gérer les affaires communes, avaient, par cela même, la mission d'administrer la société fromagère dont l'existence assurait aux habitants la plus précieuse de leurs ressources.

Nous ne pouvons produire à cette place les arguments nombreux et décisifs qui corroborent notre induction. Il faudrait, pour cela, connaître le fonctionnement actuel de nos Sociétés. Nous verrons, dans la suite de cette étude, que les communions mainmortables et l'ancienne organisation communale ont laissé, dans le régime des associations fruitières, des traces facilement reconnaissables que nous nous attacherons à signaler. Ce sera à la fois prouver l'exactitude de l'origine que nous attribuons aux Sociétés fromagères et fournir l'explication des caractères particuliers qu'elles présentent.

CHAPITRE PREMIER

DE LA CONDITION JURIDIQUE DES SOCIÉTÉS FROMAGÈRES.

Plusieurs propriétaires s'associent pour apporter chaque jour, dans un local à ce destiné, le lait produit par les troupeaux qu'ils entretiennent; ce lait est converti en fromages, qui sont vendus en bloc à la fin de la saison et dont le prix est réparti entre les ayants droit proportionnellement à leur apport : voilà la Société fromagère dans ses éléments essentiels. Nous avons à nous demander quel est le caractère de cette Société et quelle doit être sa condition juridique.

Les opinions les plus diverses ont été soutenues sur cette question : un auteur qui, sans doute, ne connaît que de nom les Sociétés fromagères, s'imagine qu'elles sont formées entre le propriétaire de troupeaux et le propriétaire du chalet où se fabriquent les fromages (1).

Dans son rapport au Conseil général du Jura, M. Clément classe les Sociétés fromagères parmi les établissements communaux : les pâturages, dit-il, sont surtout fournis par les terrains communaux et par les propriétés particulières assujetties aux droits de parcours et de vaine pâture. Dans les deux cas le mode de jouissance

(1) Supplément au répertoire de Dalloz, Vᵒ *Société*, n. 164.

de ces terres est déterminé par les délibérations du Conseil municipal. « Or, s'il est incontestable que la conversion du lait des troupeaux en fromages soit, dans les montagnes, le seul moyen d'y utiliser les pâturages, et s'il est reconnu que ce moyen ne puisse être employé sans association des habitants entre eux, n'y a-t-il pas lieu d'en conclure que ces associations doivent être placées sous la même autorité et la même surveillance qui président à l'exercice de la jouissance des pâturages communaux, c'est-à-dire sous l'autorité et la surveillance de l'administration municipale ? Ces associations, en effet, ne sont-elles pas comme une suite nécessaire de celles qui existent déjà pour les pâturages, puisque c'est le seul mode possible d'utiliser cette ressource ? » Le décret du 14 décembre 1789 contient une disposition tout à fait favorable à cette interprétation ; l'article 50 range, parmi les fonctions propres au pouvoir municipal, « celles d'administrer les établissements qui sont particulièrement destinés à l'usage des citoyens dont la commune est composée ». Or les fromageries sont de ce nombre : elles rentrent si bien dans les conditions du décret du 14 décembre 1789 qu'une décision du Ministre de l'Intérieur, en date du 22 mars 1842, a autorisé les communes, sous réserve de l'autorisation administrative, à consacrer une partie de leurs ressources à la construction de chalets de fabrication.

Il est inexact de faire des associations fromagères l'accessoire des associations de pâturages ; elles en sont absolument distinctes ; il s'en faut d'ailleurs que le parcours et la vaine pâture suffisent à la subsistance des nombreux troupeaux de nos montagnes. Le décret du 14 décembre 1789 est abrogé par les lois intervenues depuis sur l'organisation municipale, et les termes de son article 50 sont trop vagues pour autoriser à soumettre au pouvoir municipal des associations d'ordre purement privé, qui ont toujours conservé leur indépendance, alors même qu'elles avaient leur siège de fabrication dans un chalet payé des deniers communaux.

Devons-nous donc faire application à notre matière des règles du Code civil sur le Contrat de Société? Non, répond Munier (1) ; la définition de l'article 1834 n'est pas applicable aux fromageries, car, dans ces associations, « il n'y a *ni contrat, ni mise en commun, ni partage de bénéfices* ».

« Qu'il n'y ait pas contrat c'est ce que personne ne contestera. Il y a bien Société tacite, comme nous l'avons dit ; il y a quasi-contrat aussi (2) ». Il n'y a pas de mise en commun : le lait apporté chaque jour au chalet ne devient pas la propriété de la Société ; il est prêté par les sociétaires à celui d'entre eux qui a la *plus haute taille*, c'est-à-dire à celui dont le compte créditeur est, à ce moment, le plus élevé de tous ; c'est pour ce sociétaire que le fromage est fabriqué, et c'est à lui seul

(1) *Manuel des fromageries*, p. 83.
(2) Munier, *op. cit.*, p. 83.

qu'il appartiendra, à charge seulement de restituer le
lait qui lui a été fourni par ses co-associés. Il n'y a pas
non plus partage de bénéfice, « car dès qu'un fromage
est fabriqué il devient la propriété exclusive d'un des
agrégés..., d'où il suit évidemment que ce bénéfice de
la fabrication n'est pas mis en réserve pour être, dans
un temps donné, partagé entre les associés (1) ».

Des différences essentielles séparent aussi les associations fromagères des Sociétés civiles ordinaires :
tout propriétaire a le droit d'en faire partie malgré l'opposition des autres sociétaires ; les incapables, femmes
mariées, mineurs et interdits, peuvent en être membres ; le décès de l'un des associés ne provoque pas la
dissolution de la Société. De ces considérations Munier
déduit cette conséquence que les dispositions du Code
civil relatives au contrat de Société ne sont pas applicables à notre matière.

Cette conclusion n'est pas pour nous déplaire. Toutefois nous ne saurions accepter les arguments sur lesquels Munier prétend la fonder. La société, qu'elle soit
tacite ou expresse, est toujours établie par un contrat.
Au surplus, des moyens invoqués par Munier et que
nous venons de résumer, les deux principaux nous paraissent reposer sur une interprétation erronée des
usages suivis dans les fromageries : nous soutiendrons
en effet que le lait apporté au chalet et les fromages

_____

(1) _Ibid._, p. 84 et 85.

qui y sont fabriqués sont bien la propriété de la société et non celle de tel ou tel associé, et nous croyons qu'il est inexact d'affirmer, en termes absolus, qu'un propriétaire puisse entrer de force dans la fromagerie, s'il n'y a jamais eu aucun droit soit par lui-même, soit par ses auteurs.

Guyétand, dans son *Traité sur les fromageries*, s'est surtout attaché à démontrer que notre législation actuelle suffit largement à tous les besoins des associations fromagères (1). A son avis, la solution de toutes les difficultés doit se trouver dans une juste combinaison des textes du Code civil et des anciens usages : « Les premières règles à consulter, écrit-il (2), sont celles du contrat de société fromagère lorsqu'il en a été rédigé un, parce que les conventions légalement formées tiennent lieu de loi à ceux qui les ont faites. Les secondes, qui s'appliquent aux sociétés formées par écrit comme aux sociétés tacites, sont celles écrites dans le livre III, titre III, du Code Napoléon. A cet égard la première partie de l'article 1107 ne peut laisser aucun doute. Au nombre de cette deuxième espèce de règles se trouvent l'équité et l'usage. A cet égard l'article 1135 du Code Napoléon est formel. L'usage a un double rôle, celui de suppléer au silence des parties et même de la loi, et celui de servir de moyen d'interprétation de ce qui est obscur ou ambigu. Enfin les troisièmes

(1) Guyétand, *Traité sur les fromageries*, préface, p. 1.
(2) *Ibid.*, p. 43.

règles, qui sont également communes aux sociétés ex-
presses et tacites de fromagerie, sont celles particulières à ce genre d'association. En appliquant ces règles
diverses avec intelligence et discernement, on arrivera
toujours à des solutions justes, équitables et surtout
d'une légalité irréprochable ».

Ainsi donc, pour Guyétand, les sociétés fromagères
sont des sociétés civiles, soumises d'abord aux dispositions générales écrites au titre des contrats et ensuite
« aux diverses règles des droits et. des contrats spéciaux
où sont puisés, en tout ou en partie, les principes constitutifs des associations fromagères (1) », savoir: le
contrat de société, le prêt de consommation, le louage
d'industrie, le mandat, la servitude d'indivision et le
droit de propriété privée.

Cette thèse, qui n'a pas d'ailleurs l'efficacité que lui
attribue son auteur, nous semble donner prise aux plus
sérieuses critiques. Qu'il faille appliquer les règles ordinaires du louage, du prêt et du mandat quand il intervient, soit entre les associés, soit entre eux et des tiers,
un contrat de louage, de prêt ou de mandat ; que le droit
de propriété qui peut appartenir à la société fromagère
ne soit pas d'une autre nature que le droit de propriété
de toute autre personne, ces vérités sont de telle évi-
dence qu'il n'était peut-être pas nécessaire de les énoncer. La seule question, ce nous semble, est de savoir si

(1) *Ibid.*, p. 45.

les associations fromagères sont des sociétés civiles ordinaires, et s'il faut leur faire application des articles 1832 à 1874 du Code civil.

Distinguons, répond Guyétand : les fromageries sont bien des sociétés civiles, et, pour ce motif, nous les soumettrons à quelques-unes des règles écrites au titre IX, livre III, du Code civil ; mais ce sont aussi des sociétés d'une nature toute particulière, des sociétés *sui generis* ; c'est pourquoi nous leur ferons application des principes d'équité, et nous respecterons leurs usages, fussent-ils contraires à la loi : ainsi, nous n'exigerons pas que ces associations soient constatées par écrit, nous oublierons pour elles les articles 1865 et 1869, et nous déciderons que le consentement des associés n'est pas nécessaire à l'admission d'un nouveau membre dans la société (1). En résumé, tantôt les sociétés fromagères devront se conformer aux règles du Code civil, tantôt elles pourront les enfreindre, parce qu'elles sont à la fois des sociétés civiles et des sociétés *sui generis*. Voilà justement ce qui fait que votre fille est muette, dirait Sganarelle. Mais c'est précisément ce *genus* qu'il s'agit de déterminer !

De deux choses l'une : ou les associations fromagères sont soumises aux règles du Code civil sur le contrat de société, et alors elles sont soumises à toutes ces règles ; ou elles sont complètement en dehors de leur sphère

---

(1) Guyétand, *op. cit.*, p. 36 et suiv.

d'application. De quel droit, en effet, choisir parmi ces textes, appliquer l'un en entier, l'autre en partie et rejeter absolument le troisième ? Pourquoi prendre un article dans un titre, un article dans un autre, les combiner avec un usage, et décorer du nom de théorie juridique ce travail de marqueterie ? Et quel critérium nous guidera dans ce choix, qui risque fort d'être arbitraire ? Guyétand ne nous en donne aucun. Il est facile cependant de découvrir celui dont il s'est servi : un article est-il conforme aux usages des fruitières, il leur est applicable; y est-il contraire, il faut le rejeter et préférer l'usage. Mais si c'est l'usage qui doit toujours l'emporter, à quoi bon chercher à l'étayer d'un texte ? Si l'on admet d'ailleurs, avec Guyétand, que le Code civil a réglementé les sociétés fromagères, il est impossible d'invoquer l'autorité des usages. L'article 7 de la loi du 30 ventôse an XII a abrogé les coutumes, générales ou locales, relatives aux matières formant l'objet du Code civil, et cet article s'applique non seulement aux coutumes écrites, mais encore aux usages non écrits (1). Quant aux usages plus récents, ils servent sans doute à interpréter les dispositions légales, et même ils suppléent à leur absence, mais ils n'autorisent jamais à les enfreindre. Loin donc de faire céder la loi aux usages, Guyétand aurait dû, pour être logique, faire à la matière une application rigoureuse des textes du Code

---

(1) Aubry et Rau, tome I, § 23.

civil, quelque fâcheuses qu'en puissent être les conséquences.

Il est à peine besoin d'ajouter que nous parlons ici
des Sociétés tacites de fromagerie, qui sont d'ailleurs
la grande majorité. Les conventions sociales rédigées
par écrit peuvent certainement déroger aux dispositions
du Code civil qui ne sont pas d'ordre public ; il en est
tout autrement des usages.

Le premier auteur qui ait écrit sur les fromageries,
M. Loiseau (1), et après lui quelques tribunaux, avaient
suivi le procédé que Guyétand devait plus tard exposer
et défendre, et, dès 1869, ils s'attiraient les railleries les
plus mordantes d'un littérateur franc-comtois, Max Buchon (2). Le passage vaut la peine d'être cité :

« Qu'est-ce qu'une fromagerie ?

« C'est, répondait déjà en 1822 M. Loiseau, de Pon-
» tarlier, avocat à la Cour de cassation, c'est une so-
» ciété... qui n'est pas une société ; car elle participe de
» plusieurs contrats, entre autres du *prêt* et du *louage*.
» Dans une fromagerie, d'ailleurs, ce sont plutôt les va-
» ches qui sont associées que leurs propriétaires, et cette
» société est bien plus de *fait* que de *droit*. Elle est plutôt
» soumise aux principes de la morale et de l'équité na-
» turelle qu'aux principes rigoureux du droit civil ».

« Quand le *fait* et le *droit* se contredisent, il faut que
l'un des deux soit évincé. Lequel ici restera maître du

(1) *Traité des fromageries.*
(2) *Les fromageries franc-comtoises,* p. 81.

terrain? Voilà justement le problème. L'énoncer n'est pas le résoudre.

« Le droit qui, dans nos fromageries, n'est pas d'accord avec le fait, ne l'est pas non plus avec la morale et l'équité naturelle, ce qui ne prouve pas pour lui, et indique assez que ce n'est pas par la voie juridique qu'on arrivera à une solution.

« Quant aux droits du participant, nous allons voir s'ils sont mieux définis.

« Les fromages, dit encore M. Loiseau, n'appartien-
» nent pas à la société, mais au particulier qui a em-
» prunté le lait pour les faire. Si ces fromages sont à
» lui, il peut en disposer à son gré, les consommer dans
» son ménage, les vendre à part, en gros ou en détail,
» comme il lui plaît. Toutefois... (attention à ce *toute-*
» *fois* !) toutefois, dans l'intérêt de la société, il faut
» empêcher ces ventes partielles ».

« Deux nouvelles propositions, deux nouvelles contra-
dictions. Le droit absolu du propriétaire est d'abord affirmé avec un luxe qui semble tout naturel ; puis, aussitôt, on le nie, dans l'intérêt d'une société qui n'est pas une société.

« L'auteur (M. Loiseau) ajoute : « Puisque les fro-
» mages sont au sociétaire, s'ils périssent c'est pour son
» compte. *Res perit domino* ».

« Ainsi donc les fromages appartiennent rigoureuse-
ment à leur maître si ces fromages *n'existent plus*, mais si, d'aventure, ils ne sont ni volés, ni brûlés, ni perdus,

il lui est défendu, dans l'intérêt d'une société qui n'est pas une société, d'en disposer à sa guise.

« Après tout, ces bizarreries ne sont nullement imputables à M. Loiseau, qui n'en est que le fidèle rapporteur; ces bizarreries sont exactement les doctrines qui régissent nos fromageries, et, depuis 1822, nos plus graves théoriciens n'ont encore rien trouvé de mieux. Je me demande seulement si, invitées à émettre leurs idées en cette affaire, les vaches, qu'on nous donnait tout à l'heure comme les véritables sociétaires de nos fromageries, eussent pu, malgré leurs deux cornes, émettre des conclusions aussi biscornues ».

La jurisprudence n'est pas mieux traitée :

« Chez nous, un juge est tenu de juger toujours, même quand la loi qu'il s'agit d'appliquer n'existe pas. Dans ce cas, il est vrai, le juge a un moyen facile de s'en tirer : il fait lui-même la loi, en prenant un nez dans un texte, un œil dans un autre, une oreille par ci, une jambe par là, et ainsi de suite. Cela s'appelle interpréter la législation. Quand ce nouveau magot, auquel n'avait pas songé le vrai législateur, est ainsi bâti de pièces et de morceaux, comme le paletot d'Arlequin, le juge se dit : Voilà la loi, et il prononce sa sentence.

« Ceci est vrai surtout pour les procès de fromagerie. Le plus malin n'y voit goutte. Nos juristes sont tous d'avis que cette société, qui n'est pas une société, est cependant une société, mais d'un genre tout à fait particulier, ne ressemblant ni à ceci, ni à cela, ni à n'importe quoi ; ce qui, de procès en procès, explique que les conclusions judiciaires sont si variées ».

La critique est certes fort méchante, mais elle est bien un peu méritée.

La jurisprudence oscille entre deux opinions diamétralement opposées, dont aucune n'a triomphé encore d'une manière définitive : tantôt elle décide que les fromageries sont des sociétés civiles ordinaires, soumises aux dispositions du titre IX, livre III, du Code civil (1) ; tantôt elle admet que ce sont des associations spéciales, en dehors du droit commun, et régies par des usages fondés sur la nécessité (2).

Il faut, à notre avis, prendre l'un ou l'autre de ces partis : ou bien appliquer les règles, et toutes les règles du Code civil sur le contrat de Société, ou bien les exclure entièrement. Nous nous prononçons pour cette dernière solution.

Nous croyons, avec M. Tripard (3), que « les sociétés fruitières sont demeurées complètement en dehors et du Code civil et du Code de commerce, et de toutes autres lois spéciales ». Que sont en effet les Sociétés fromagères ? Ce qu'étaient autrefois les communions mainmortables et les communautés taisibles : des *Sociétés coopératives* de production. La législation ancienne ne

(1) Besançon, 23 avril 1845, 22 mai 1851.
(2) Besançon, 28 décembre 1842, 8 janvier 1851, 24 décembre 1862 ; Pontarlier, 15 mai 1888.
(3) Tripard, *Les associations agricoles*, p. 95.

les avait pas réglementées ; les rédacteurs du Code civil n'ont pas songé à les régir, et les dispositions relatives au contrat de société ne sauraient en aucune manière leur être appliquées (1). Il a fallu la loi du 24 juillet 1867 pour faire disparaître les entraves que notre législation civile et commerciale mettait à la constitution des sociétés *à personnel et à capital variable.* On ignorait encore, à cette époque, que depuis des siècles des associations coopératives fonctionnaient en Franche-Comté, sous la protection d'usages anciens fidèlement observés, et l'on donnait pour origine à cette institution, que l'on qualifiait de nouvelle, la Société des équitables pionniers de Rochdale.

Cependant les sociétés de fromagerie sont bien certainement des sociétés civiles, puisqu'elles ont pour objet une industrie agricole (2). Si leur forme coopérative les met en dehors de la législation du Code, il faut décider qu'elles seront régies par leurs usages. Une distinction importante est ici nécessaire. Nous avons dit que la société, qu'elle fût expresse ou tacite, était toujours formée par un contrat. Ce contrat doit être soumis aux règles générales : toutes les questions de capacité, de consentement, de preuve, devront être résolues par l'application des principes écrits au titre *des contrats ou des obligations conventionnelles* (3). Mais supposons

(1) Lyon-Caen et Renault, *Traité de droit commercial,* t. II, n° 1030.
(2) Besançon, 19 février 1884.
(3) En ce sens Besançon, 9 mai 1888.

prouvées l'existence du contrat d'association et la capacité des personnes qui l'auraient librement consenti : il s'agit de déterminer quelles sont les obligations des associés entre eux ou avec les tiers, de fixer les règles d'administration, de répartition des bénéfices, de dissolution, de partage du fonds social ; ce sont alors les usages qui devront être exclusivement appliqués. En un mot notre association, *en tant que contrat*, sera soumise aux principes généraux, *en tant qu'association*, elle ne sera régie que par ses usages.

Cette solution nous semble très juridique : s'il est reconnu que les sociétés fromagères ne sont pas réglementées par le Code civil, nous ne sommes plus gênés par l'abrogation des anciennes coutumes contenue en l'article 7 de la loi du 30 ventôse an XII : « A compter du jour où ces lois (le Code civil) sont exécutoires, dit cet article, les lois romaines, les ordonnances, les coutumes générales ou locales, les statuts, les règlements, cessent d'avoir force de loi générale ou particulière *dans les matières qui sont l'objet desdites lois* composant le présent Code ». D'où il suit évidemment que toute institution ancienne, non régie par le Code, reste soumise à l'application des règles qu'elle suivait autrefois : lois romaines, ordonnances, coutumes ou usages ; et, sur ce terrain limité, ces règles ne doivent pas seulement être considérées comme des éléments d'interprétation, comme des préceptes de bon sens et de raison :

elles ont conservé *force de loi* (1). Or, dans notre ancien droit, les sociétés de fromagerie obéissaient aux usages qu'elles avaient empruntés, pour la plupart, aux associations mainmortables et aux communautés d'habitants. Aujourd'hui encore ces usages ont conservé toute leur autorité ; ce sont eux que le juge doit appliquer, et si, en l'absence de rédaction écrite, quelque contestation s'élève sur leur existence ou sur leur portée, on aura recours, pour la décider, à la preuve par témoins entendus en la forme ordinaire (2).

Les sociétés fromagères sont donc, à notre sens, des sociétés civiles, à forme coopérative, régies par leurs usages. Pour avoir achevé d'établir leur condition juridique une dernière question reste à résoudre : devons-nous reconnaître aux fromageries la personnalité civile ? H. Tripard répond affirmativement (3), sans toutefois appuyer sa décision d'arguments juridiques. Nous croyons au contraire que la personnalité civile doit être refusée aux sociétés fromagères : c'est une fiction que la loi seule peut créer et qui ne saurait être admise en l'absence de texte. Or aucun texte n'existe dans notre législation qui permette de décider que les sociétés civiles sont des personnes, des êtres de raison. La tradition est contraire à la personnalité (4), et le Code civil

(1) Aubry et Rau, t. I, § 23.
(2) *Ibid.*, t. 8, p. 152, texte et note 4.
(3) *Les associations agricoles*, p. 130.
(4) Pothier, *Du contrat de société*, n° 3, *in fine* et n° 89.

ne paraît pas avoir voulu s'en écarter. On invoque, en faveur de l'opinion que nous combattons, les articles 1845 à 1847, 1850, 1852, 1859, qui semblent considérer la société comme une personne. Mais cette forme de langage a été employée parce qu'elle est plus brève et plus commode : on a écrit société pour éviter d'écrire l'ensemble des associés. L'article 59 du Code de procédure civile, qui décide que toute société sera assignée devant le juge du lieu où elle est établie, s'explique par des considérations d'utilité pratique, et ne tranche pas la question de personnalité. Les personnes physiques peuvent seules, dans la réalité, avoir un patrimoine et un domicile ; si cet avantage a été conféré par la loi à des personnes fictives, ce n'est qu'à titre d'exception, et, par suite, ces dispositions ne sauraient être appliquées en dehors de leurs termes exprès.

De la décision que nous venons de prendre sur cette question découlent les conséquences suivantes : 1° Les associés des sociétés fromagères seront considérés comme copropriétaires du fonds social : leur droit ne sera pas nécessairement mobilier, son caractère variera avec la composition du fonds social ; 2° Le patrimoine de la société ne sera pas le gage exclusif des créanciers sociaux ; ils devront subir le concours des créanciers personnels des associés ; 3° Dans toute instance judiciaire engagée par la société, ou contre elle, tous les associés devront figurer en nom au procès (1).

(1) Jurisprudence constante du tribunal de St-Claude.

Nous devons toutefois ajouter que la jurisprudence tend à reconnaître aux sociétés civiles la personnalité morale. Ses décisions sont plutôt inspirées par des considérations d'utilité pratique que motivées par des arguments juridiques. La Cour de Besançon a ainsi jugé à plusieurs reprises qu'on peut assigner les gérants comme représentant la personne civile de la société, et que, dans ce cas, les sociétaires n'étant point individuellement parties en cause, ni eux ni leurs parents ne peuvent être reprochés comme témoins (1).

Il serait d'ailleurs facile aux sociétés fromagères de se procurer les avantages de la personnalité ; nous en indiquerons le moyen dans la conclusion de cette étude.

(1) Besançon, 12 mars 1853, 21 août 1869 ; Pontarlier, 11 juin 1884.

CHAPITRE II

DE LA FORMATION DE LA SOCIÉTÉ.

Dans les montagnes de la Comté, la plupart des associations fromagères ont subsisté sur la foi de leurs usages et sans prendre souci des modifications diverses
qu'a subies notre législation. Aujourd'hui encore, bien
rares sont celles dont l'existence est constatée par un
acte écrit. Quelques-unes ont des statuts, qu'on appelle
règlement : « on les conserve dans une armoire comme
un fétiche (1) », sans même se donner la peine de les
faire signer par les membres nouveaux à leur entrée
dans l'association. Quel va être le sort de ces sociétés
tacites?

Certains auteurs en proclament la nullité : le législateur, disent-ils, a voulu abolir les anciennes sociétés
taisibles en reproduisant dans l'article 1834 du Code
civil les dispositions de l'ordonnance de 1673. Si cette
opinion était exacte, nous nous bornerions à constater
qu'il n'y a pas réussi, et que les sociétés tacites de fromagerie ont survécu à cette proscription (2).

---

(1) Max Buchon, *Les fromageries franc-comtoises*, p. 86.
(2) On a signalé aussi l'existence de sociétés taisibles dans le Bour-
bonnais (Méplain, *Traité du bail à portion de fruits*, p. 164, note,

Mais nous croyons qu'il n'en est pas ainsi. C'est complètement méconnaître les principes qui ont inspiré les rédacteurs du Code que d'attribuer à ceux-ci semblable décision. Si deux personnes sont d'accord pour former entre elles une société taisible, et qu'elles soient aussi d'accord pour reconnaître l'existence du contrat ainsi conclu, cette société est parfaitement valable, car l'écriture n'est ici requise qu'*ad probationem* et non *ad solemnitatem*. L'article 1834 n'a fait que reproduire la disposition de l'article 1341 : « Il doit être passé acte, devant notaires ou sous signature privée, de toute chose excédant la somme ou valeur de 150 francs ». Par suite, il ne nous servirait de rien de rejeter du débat l'article 1834, comme faisant partie du titre des sociétés que nous soutenons être inapplicable à notre matière : la même difficulté se retrouverait en présence de l'article 1341. On ne pourra établir l'existence du contrat d'association fromagère qu'en se conformant à la théorie générale des preuves ; l'article 1834, ou l'article 1341, doivent donc être complétés par les autres dispositions qui restreignent, dans des limites raisonnables, la règle qu'ils contiennent. La preuve testimoniale sera donc admissible quand il existera un commencement de preuve par écrit (art. 1347).

Ce correctif n'écarte pas tout danger, et il est heureux

joignez pp. XXX, XXXI) et dans le Nivernais (V. de Cheverry, *Fermiers à communauté taisible du Nivernais,* dans *Les ouvriers des deux mondes,* t. V, 1875, pp. 1 à 50).

pour nos fruitières que cette discussion sur le moyen
de prouver l'existence de l'association soit restée dans
le domaine spéculatif. Nous n'apercevons pas, en effet,
dans quelles circonstances un plaideur pourrait avoir
intérêt à nier le contrat tacite de société et à en demander la preuve. Les tailles ou les livrets, qui constatent
les apports de lait, serviraient de commencement de
preuve par écrit, mais ce secours ne serait pas très
efficace ; le commencement de preuve par écrit doit
émaner de celui auquel on l'oppose, or tailles et livrets
sont toujours tenus par le fromager, on ne pourrait les
invoquer que contre lui. Les procès-verbaux de délibé-
ration, lorsqu'il en est dressé, et les comptes de répartition seraient une ressource préférable ; enfin on pourrait recourir à l'interrogatoire sur faits et articles et au
serment.

Cette question ne paraît pas avoir beaucoup préoccupé
les auteurs qui nous ont précédé dans cette étude. Guyétand l'effleure à peine dans une note (1) et H. Tripard
se contente de cette affirmation : « Ce contrat pouvant
être tacite ou mieux, entièrement verbal, il ne saurait
être question de l'annuler pour vice de forme. On ne
peut même, en matière de preuve, lui opposer la règle
qu'au-dessus de 150 francs toutes conventions, celles
de société comme les autres, doivent être rédigées par
écrit. La preuve testimoniale sera ici toujours admise

(1) Guyétand, *op. cit.*, p. 83, note 1.

parce que nous sommes en matière toute spéciale, à laquelle ne s'appliquent les règles ordinaires que si les intéressés ont voulu s'en assurer les garanties (1) ». C'est vraiment faire trop bon marché de l'article 1341 ; semblable raisonnement conduirait facilement à en exclure toujours l'application.

La Cour de Besançon s'est prononcée incidemment sur cette difficulté, et ici encore ses décisions sont contradictoires : l'arrêt du 28 décembre 1842, confirmé par les arrêts des 21 février 1857 et 9 mai 1888, reconnaît la validité des sociétés tacites, qui sont proclamées nulles par l'arrêt du 23 avril 1845. Il est vrai que, dans ces deux espèces, la question que nous agitons n'était pas posée à la Cour : le procès était de savoir si les associés peuvent refuser de recevoir parmi eux un propriétaire possédant des pâturages dans la commune, ou dans le rayon du chalet.

De prime abord il semble que pareille question ne doive pas se poser. On ne peut être associé contre son gré, et le refus d'un seul des membres de l'association rend impossible l'admission d'un tiers. Telle est la théorie civile. L'usage de nos fromageries ne s'y est pas conformé. Toutefois nous n'oserions affirmer, avec certains auteurs, que tout propriétaire de pâturages a le droit d'entrer au chalet. Cette assertion nous semble trop absolue et ne doit pas être admise sans réserve.

(1) Tripard, *op. cit.*, p. 94, *in fine* et 95.

Elle a été cependant exprimée par Loiseau, qui la justifie en ces termes : « La charité chrétienne, la justice universelle, l'intérêt commun et les principes du bon voisinage, exigent que chaque cultivateur qui possède des vaches soit reçu membre de la société fromagère, quelles que soient d'ailleurs sa fortune et ses opinions religieuses et politiques ».

Munier ajoute encore à ces considérations de pure sentimentalité : « A combien plus forte raison ces principes pleins de vérité, émis en 1822, sont-ils applicables dans un pays qui a proclamé la République, et qui lui a donné pour bases l'*égalité* et la *fraternité* (1) ! ».

Guyétand a essayé de justifier cet usage par des arguments juridiques : « La fabrication des fromages, comme toutes les industries possibles, a nécessairement commencé par des essais ; les premiers qui s'en sont occupés étaient certainement peu nombreux et devaient opérer sur de faibles quantités de lait, ce qui ne donnait que des résultats insignifiants ; l'expérience et la réflexion ne tardèrent pas, sans doute, à faire reconnaître que la fabrication des fromages, pour être avantageuse, devait avoir lieu sur une grande échelle, but qui ne pouvait être atteint qu'au moyen d'associations, et que, pour les rendre plus faciles, il était indispensable d'admettre de nouveaux sociétaires quand ils se présentaient, bien qu'ils fussent restés étrangers à la constitution de la

(1) Munier, *op. cit.*, p. 67.

société. L'extrême difficulté qu'il y aurait d'exploiter
les terres et de tirer parti des pâturages dans les hautes
montagnes du Doubs et du Jura sans l'établissement des
fromageries a dû contribuer dans une certaine mesure
aussi à la création de ces sociétés. Le besoin rend indus-
trieux. De cet état de choses, il s'ensuivit que toutes
les fois que, dans une localité quelconque, des individus
se réunissaient pour former une société fromagère, ils
ne se bornaient point à stipuler pour eux seuls, mais
que, comme condition de leur association et dans un
intérêt commun, ils stipulaient encore en faveur de
tous les habitants présents et futurs de la même circonscription fromagère, le droit irrévocable de s'associer
avec eux. Je ne crois pas m'abuser en disant que ce sont
bien là l'origine, les causes, le but et l'utilité de l'usage
dont il s'agit.

» Tout cela étant bien compris, bien entendu, il ne
reste plus qu'à en faire l'application, ce qui n'est point
difficile. Il faut effectivement admettre, qu'aujourd'hui
comme autrefois, comme toujours, les membres d'une
société fromagère sont censés avoir concédé comme
condition de leur association, à tous les habitants présents et à venir du lieu où elle est établie, le droit irrévocable d'en faire partie. Or, c'est précisément parce
qu'une telle clause est d'usage qu'elle doit être suppléée,
et cela en vertu des dispositions de l'article 1160 du
Code Napoléon. Cette clause étant aussi une suite du
contrat de société fromagère, elle devient obligatoire

pour ceux qui l'ont consenti, aux termes de l'article 1135 du même Code. Enfin l'*équité* elle-même, érigée en précepte légal par le même article 1135, fournit également un puissant argument pour proscrire cette espèce d'ostracisme de l'un ou de plusieurs habitants d'une circonscription fromagère ; car l'impossibilité où ils seraient de profiter des avantages qu'offre une fromagerie à leur portée serait une véritable iniquité dont les suites, toujours fâcheuses, équivaudraient à un désastre, surtout dans les pays où la fabrication des fromages est en quelque sorte le seul moyen d'exploitation des terres et des pâturages.

» Voilà à l'aide de quels raisonnements fondés en droit et en équité, du moins je. le pense, on parvient à dégager du chaos où elle est restée jusqu'à présent une vérité légale d'une immense portée pour l'industrie fromagère (1) ».

Cette explication est très ingénieuse, mais nous doutons fort qu'elle puisse procurer un secours bien efficace au propriétaire que l'on refuse d'admettre au chalet ; quelle preuve fournira-t-il aujourd'hui de cette prétendue stipulation pour autrui qui daterait de plusieurs siècles et dont l'existence serait contestée par ses adversaires ? Nous ne croyons pas non plus qu'elle soit exacte. En droit, il ne nous semble pas possible de valider une stipulation faite au profit de personnes incer-

---

(1) Guyétand, *op. cit.*, p. 57 et suiv.

taines, qui n'existent pas encore, qui n'existeront peut-
être jamais. Historiquement enfin, l'hypothèse de Guyétand est inadmissible. Les fondateurs des fromageries
n'étaient point jurisconsultes et ignoraient les ressources de la stipulation pour autrui. Cette théorie est une
œuvre d'imagination, créée de toutes pièces par l'auteur, pour étayer d'arguments à forme juridique les
considérations d'utilité pratique et d'équité qui avaient
surtout entraîné sa décision, et qui ne sont point sans
valeur.

Dans les régions montagneuses du Doubs et du Jura
l'industrie fromagère est, en effet, la principale ressource
des habitants. Celui d'entre eux auquel on refuse l'entrée du chalet est ainsi privé du produit le plus certain
et le plus important de ses propriétés. La société elle-
même a intérêt à recevoir tous ceux qui demandent à
s'associer ; plus est grande la quantité de lait apportée
chaque jour au chalet, meilleure est la qualité des produits fabriqués. Ajoutons que, le plus souvent, les refus
d'admission seraient dictés par des haines politiques
ou des inimitiés personnelles. Aussi la commission réu-
nie en 1863 par le Préfet du Doubs, pour élaborer un
projet de législation spéciale aux sociétés fromagères,
avait-elle demandé la consécration de l'usage que nous
étudions, dans lequel elle voyait avec raison « une règle
essentiellement fondamentale et protectrice » des associations fruitières.

La Cour de Besançon a été appelée à se prononcer

sur la force obligatoire de cet usage. Après plusieurs
variations, sa jurisprudence semble aujourd'hui fixée
par un arrêt du 25 février 1875, dont nous reproduisons
ci-après les principaux considérants.

Par un arrêt du 28 décembre 1842 la Cour avait décidé que l'on ne pouvait, sans motifs plausibles, refuser
de recevoir dans la société un propriétaire de troupeaux
et de pâturages. Le 12 mars 1867 elle statuait dans le
même sens, en confirmant un jugement du tribunal de
Pontarlier du 14 août 1866 ; et si, le 23 mars 1857 et le
19 mars 1869, elle avait refusé de condamner une société fromagère à recevoir de nouveaux membres, c'est
que les gérants, dans ces deux espèces, avaient justes
raisons de suspecter la probité des postulants.

Le 25 février 1875, revenant à la jurisprudence d'un
de ses arrêts du 23 avril 1845, la Cour de Besançon a
jugé qu'on stipule valablement, dans un acte d'association, que tout nouveau sociétaire ne peut être admis
qu'avec le consentement de la majorité des associés. Le
plaideur, qui demandait à être reçu dans la société,
invoquait les usages constamment suivis par les fruitières, et prétendait trouver la source de son droit dans
« une communauté préexistante, assurant à tout habitant la possibilité de tirer de ses propriétés le seul parti
que l'on puisse en obtenir, communauté qui existerait
indépendamment de tous traités, comme fondée sur une
confiance réciproque et sur la bonne foi ».

A ces moyens la Cour de Besançon répond : pour les

usages, que le Code civil ne les a pas conservés, et qu'ils
ne peuvent faire exception aux articles 1832 et 1834 ;
pour cette communauté, qu'on n'en trouve « aucune
trace dans les édits particuliers de la province de Franche-Comté, dans les arrêts de son Parlement, dans ses
chartes de communes, ni dans les actes contenant concession de terres pour la création de centres de population dans les montagnes ; que ce droit d'entrer dans la
société aurait pour corollaire le devoir de *toujours* élever un nombre de vaches déterminé et de *toujours* en
porter le lait à la fruitière, ce qui n'a jamais été soutenu ;
que cette mise en communauté des terres pour la fabrication des fromages n'a jamais existé, que l'intérêt
particulier ne permet pas d'enfreindre les règles du
droit ».

Le pourvoi formé contre cet arrêt a été rejeté le 12 juin
1876, non que la Cour suprême ait adopté les motifs
que nous venons de reproduire ; mais la Cour de Besançon ayant statué en fait, sa décision ne pouvait donner
lieu à cassation.

Tous ceux pour qui l'histoire de la province de Franche-Comté, de son droit coutumier et de ses anciennes
institutions, ne sont pas matières absolument inconnues
seront sans doute étonnés à la lecture de cet arrêt de
1875. La communauté des terres, mais ce sont les communions mainmortables qui l'ont réalisée, et certes elles
ont laissé des traces assez nombreuses et assez profondes dans les édits, dans les arrêts, dans les chartes,

pour qu'on éprouve quelque surprise à en entendre nier l'existence moins d'un siècle après leur disparition ! — Nous avouons aussi ne pas comprendre pour quelles raisons le droit d'entrer dans la société fromagère aurait pour corollaire le devoir de toujours élever un nombre de vaches déterminé et de toujours porter la même quantité de lait à la fruitière. Cette conséquence ne nous paraît ni évidente ni nécessaire.

Nous ne sommes pas convaincu davantage par l'argumentation de M. Tripard : cet auteur, après avoir reconnu que les anciens usages des fromageries sont restés obligatoires, ajoute aussitôt cette restriction : « Oui, ces usages ont encore toute leur force, mais jusqu'au point où il est conforme à nos lois modernes de la leur laisser » (1). Ce raisonnement suppose une prémisse : il faudrait d'abord démontrer que l'usage de recevoir un membre nouveau dans la fromagerie, malgré l'opposition des sociétaires, est contraire à une disposition législative d'ordre public. Cette démonstration est encore à faire. Ajoutons enfin que si un consentement est requis pour l'admission de tiers dans la société, ce doit être le consentement de tous les associés, celui de la majorité ne saurait suffire.

La théorie que nous avons soutenue au chapitre précédent, sur la condition juridique des associations fromagères, justifie suffisamment la force obligatoire de

_____

(1) Tripard, *op. cit.*, p. 102.

l'usage que nous étudions. Cet usage se comprend très bien dans une société coopérative où l'*intuitus personæ* ne saurait être exigé : l'association a été établie non pas en vue des qualités personnelles des membres qui la composent, mais pour rendre possible et lucrative l'industrie fromagère. La faculté reconnue à tous d'entrer dans la société fromagère, loin d'être contraire à l'ordre public, est conforme à l'intérêt général. L'usage qui l'a établie doit avoir force de loi.

Il nous reste à rechercher l'origine de cet usage pour en déterminer exactement la portée.

Pendant des siècles la société fromagère a coexisté avec les communions mainmortables et a été absorbée, pour ainsi dire, dans une association plus large, les communautés d'habitants. Or le droit de faire partie de ces communions et de ces communautés était intimement lié à la possession des terres. Pour être communier il fallait être propriétaire d'une partie des biens indivis ; pour être membre de la communauté il fallait être propriétaire dans la circonscription. Il est naturel de supposer que ce droit, et par suite le droit de faire fruitière, fut bientôt considéré comme un accessoire du sol. Il suivit la propriété dans toutes les mains où elle passa, et on arriva ainsi à admettre que toute personne qui achetait, dans le rayon d'une société fromagère, un pâturage suffisant à l'entretien d'une vache, acquérait par cela même, à titre d'accessoire du sol, le droit d'entrer dans la fromagerie. Ceci est tellement vrai que les

actes anciens de mutations d'immeubles contiennent
fréquemment cette clause : « Sont aussi compris en
cette aliénation les droits du vendeur dans le chalet
de... ».Cette formule est aujourd'hui abandonnée par la
pratique notariale : on a jugé inutile d'exprimer une
vérité aussi incontestée.

Quelque chose des anciennes communautés est donc
resté dans les sociétés fromagères actuelles comme
aussi dans le régime des droits de parcours et de vaine
pâture.

Nous sommes ainsi conduit à apporter une restriction importante au droit d'entrer dans la société fromagère, qui était affirmé, en termes absolus, par Loiseau
et Guyétand. Un propriétaire ne peut exiger son admission au chalet que si l'un de ses auteurs a fait autrefois
partie de la fruitière. Dans le domaine juridique comme
dans le monde physique *rien ne se crée*. Il faut bien que
ce droit au chalet, dont on invoque aujourd'hui l'existence, soit né à un moment donné ; il faut bien qu'il
ait existé dans le patrimoine d'un précédent propriétaire pour devenir l'accessoire du sol et passer avec lui
aux mains du propriétaire actuel. Ce droit a pu som-
meiller pendant nombre d'années ; il ne s'est pas perdu
par non-usage : la possession des copropriétaires du
chalet n'a pas les caractères nécessaires pour conduire
à une prescription acquisitive ; il faudrait, pour qu'elle
ne fût pas équivoque, qu'elle se manifestât par des actes
de nature à emporter contradiction au droit de celui

qui est sorti de la société ; or il ne saurait en être ainsi.

Nous devons ajouter qu'en pratique cette restriction a moins de portée qu'on ne le pourrait croire. Tous les propriétaires des pâturages compris dans la circonscription d'une société de fromagerie ont fait autrefois partie de cette société et ont transmis à leurs ayants cause le droit d'y entrer. Il est toutefois une hypothèse dans laquelle l'opinion que nous avons soutenue trouverait son application. Lorsque plusieurs sociétés fromagères existent dans la même commune, si l'une vient à disparaître faut-il reconnaître à ses membres le droit d'entrer dans les sociétés qui subsistent ? Loiseau et Munier n'hésiteraient pas à répondre affirmativement et Guyétand déclarerait, sans doute, que la stipulation pour autrui, intervenue lors de la fondation de chaque société, est assez large pour comprendre au besoin les membres d'une société disparue. Nous déciderons au contraire que ces derniers ne peuvent contraindre les membres d'une société voisine à les recevoir parmi eux. Telle est d'ailleurs la solution adoptée par l'usage.

Une seconde restriction, toute naturelle, apportée au droit d'entrer dans une fromagerie, est que le postulant n'ait pas été exclu pour fraude soit de la société où il demande à entrer soit de toute autre. Nous étudierons, dans un chapitre spécial, dans quelles circonstances cette peine d'exclusion peut être infligée. Le fraudeur ne peut désormais être reçu dans une fruitière que par l'assentiment unanime des associés. L'exclusion est d'ailleurs purement personnelle, comme la faute qui l'a entraînée. Le droit au chalet n'est pas perdu, son exercice est seulement suspendu entre les mains du fraudeur, mais il se retrouvera intact lorsqu'il aura été recueilli par ses ayants cause.

Les contrats écrits d'association reproduisent généralement les usages que nous venons d'étudier. Les statuts modèles proposés aux sociétés fromagères par le syndicat agricole de Poligny, portent dans leur article II :

« Toute personne de la commune, propriétaire de vaches, pourra faire partie de la société. Les étrangers ne pourront y être admis qu'avec l'assentiment de la majorité des associés résidants.

Toutefois ne peuvent être admis : 1° les personnes qui auraient été exclues d'une autre société pour fraude ou tous autres motifs d'indignité ; 2° celles qui auraient contracté un engagement avec d'autres associations similaires, à moins qu'elles ne soient libres de leur engagement ».

Certains règlements qui, d'ailleurs, ne sont pas observés en pratique, exigent la majorité des suffrages pour toute admission de sociétaire nouveau. Guyétand discute même l'hypothèse où une clause de l'acte d'association déciderait qu'aucun membre ne peut être admis dans la société sans l'assentiment unanime de ceux qui la composent. Dans les deux cas la solution à donner est la même : ou bien il s'agit d'une société nouvelle qui se forme dans une contrée où l'industrie fromagère était inconnue, et ces clauses, n'étant pas contraires à l'ordre public, sont parfaitement licites ; ou bien, au contraire, on veut introduire ces règles dans une fruitière qui jusqu'alors avait suivi les usages que nous venons d'étudier : et alors elles ne sauraient mettre obstacle au libre exercice du droit de copropriété qui appartient aux habitants de la circonscription dans le chalet et dans les ustensiles de fabrication.

Le contrat d'association fromagère n'intervient pas seulement entre personnes maîtresses de leurs droits. Des incapables peuvent y être parties, tels les mineurs et les femmes mariées. Pour ces dernières aucune difficulté ne s'élève : le fait de porter le lait à la fruitière, qu'il soit ou non connu du mari, rentre dans les termes du mandat tacite qui, de l'avis de tous, est donné à la femme pour les divers actes d'administration dont elle est habituellement chargée. Le mineur émancipé a certainement la capacité nécessaire pour entrer dans la société fromagère (art. 481). Quant au mineur non émancipé il ne serait pas engagé et, en théorie, serait restituable pour cause de lésion (art. 1305). Mais le contrat d'association fromagère ne présentant pour lui que des avantages, il n'aura jamais intérêt à en demander la nullité. Si pourtant il se prévalait de son incapacité il resterait tenu jusqu'à concurrence de son enrichissement.

CHAPITRE III

Les engagements des associés entre eux se forment soit expressément, par la rédaction et la signature d'un acte écrit, soit tacitement, par le seul fait de porter le lait à la fromagerie. Les principales obligations qui incombent aux sociétaires sont les suivantes :

Ils doivent porter au chalet la totalité du lait produit par leurs troupeaux, sauf distraction de la quantité qui en est consommée dans leur famille.

Ils ne sont pas tenus cependant de fournir chaque jour un apport déterminé, et ils peuvent, pendant le cours de l'année, augmenter ou diminuer le nombre de leurs têtes de bétail.

Un associé ne peut, sans cause légitime, se retirer de la société pendant le cours de la fabrication, qui dure habituellement du mois d'avril au mois de décembre. Mais pendant les mois d'hiver, où l'on fabrique les fromages de qualité inférieure appelés *Tommes*, il est loisible à chacun de quitter la fromagerie.

Les sociétaires nouveaux, ou ceux qui reviennent à la société après une interruption plus ou moins longue, peuvent être contraints de payer une somme d'argent, représentant leur part dans les dépenses extraordinaires faites par la société avant leur admission ou avant leur retour, telles notamment que les dépenses d'achat, de construction, ou de grosses réparations du chalet.

Le lait apporté par chaque membre est inscrit à son compte sur sa *taille* ou sur son livret. Le fromage est fabriqué tour à tour au nom de celui *qui a la plus haute taille*, c'est-à-dire de celui dont le compte créditeur a le total le plus élevé ; les produits accessoires, crême, petit lait, serai, lui appartiennent, mais il doit fournir le bois de chauffage et aider au fromager. La différence entre la quantité de lait employée pour cette fabrication, et ce total créditeur, est portée au débit de son compte. Ce débit s'éteint peu à peu par les apports journaliers que le sociétaire continue de faire ; son compte de débiteur devient créancier, jusqu'à ce que, étant le plus élevé de tous, le tour de fabrication lui soit de nouveau attribué. Pour différencier le *doit* et l'*avoir*, dans ce système rudimentaire de comptabilité, on remet au sociétaire la *taille*, si son compte est créditeur, l'*échantillon*, si son compte est débiteur. Chaque fromage porte un numéro d'ordre et le nom du sociétaire pour lequel il a été fabriqué.

Tel est le système le plus ancien, suivi encore dans un certain nombre de fruitières. Un autre, plus récent, tend à le supplanter. La taille est remplacée par un livret ; le fromage est toujours fabriqué au nom du sociétaire qui a le compte créditeur le plus élevé, et qui

doit généralement fournir le bois de chauffage. La crême, convertie en beurre au chalet, et les autres produits
accessoires, sont remis par le fromager à ceux des sociétaires qui les demandent, et la quantité en est inscrite
sur leurs livrets. Enfin, dans l'un et l'autre système, les
fromages sont vendus en bloc.

Ce qui différencie surtout les deux systèmes c'est le
mode de répartition du prix des fromages. Dans le premier, on pèse séparément les fromages marqués au nom
de chaque sociétaire, et ce poids, multiplié par le prix
de vente, donne la somme qui doit être attribuée à chacun. Dans l'autre, on détermine la valeur du litre de
lait, en ajoutant au prix des fromages le prix du beurre
et des autres accessoires, que l'on fixe en assemblée générale. Ce chiffre obtenu, on n'a qu'à le multiplier par
le nombre de litres de lait inscrit au livret de chaque associé, et à déduire du produit ce que chacun a retiré en
beurre, serai, etc., pour connaître la somme à laquelle
il a droit. La base de répartition est, dans un système,
le poids des fromages, dans l'autre la quantité de litres
de lait. C'est, à notre avis, la seule différence importante qui les sépare.

On en a cependant signalé une seconde, qui serait
considérable si elle était réelle. On soutient que, dans
le système ancien, le lait n'est pas un apport au sens
juridique du mot ; il ne devient pas la propriété de la société ; il y a simplement prêt de consommation par les
sociétaires à celui d'entre eux dont c'est le tour de fa-

brication ; ce dernier est ainsi propriétaire du lait et de ses produits, notamment du fromage, à charge de rendre une quantité de lait égale à celle qu'il a reçue. Dans le deuxième système, au contraire, le lait est bien un apport fait à la société, qui en devient propriétaire, ainsi que des produits qui en sont retirés.

La question présente un grand intérêt, au point de vue des risques d'abord. Si, à partir du mesurage, le lait devient la propriété personnelle de l'un des associés, s'il se perd ce sera pour le compte de cet associé, *res perit domino*. Il en sera de même du fromage fabriqué : s'il est volé, brûlé ou taré, la perte sera pour le sociétaire. Au contraire, si le lait et ses produits deviennent la propriété de la société, c'est celle-ci qui supportera les risques. Au cas de falsification du lait, les pénalités édictées par la loi du 22 mars 1851 ne seront pas applicables, si l'on reconnaît qu'il y a prêt de consommation, car cette loi ne punit que la *vente* de produits falsifiés. Il en serait tout autrement s'il y a apport à la société. Enfin, devrait-on ajouter, si le lait devient la propriété particulière de tel associé, celui-ci en aura la libre disposition ; il pourra le consommer, le vendre, ou le convertir en fromage, et disposer à sa guise du fromage une fois fabriqué. Ses créanciers pourront saisir les fromages fabriqués en son nom et les faire vendre séparément. Cette dernière conséquence, pourtant logique, n'a jamais été admise par les auteurs dont nous critiquons l'opinion.

M. Tripard a surtout discuté la question au point de
vue pénal. A son avis, il n'y a pas prêt de consommation entre les associés, et la loi de 1851 est applicable·
aux sophistications que l'on a pu faire subir au lait.

« Faire un prêt de l'apport c'est décomposer ainsi le
mécanisme de la fruitière. Je prête mon lait, on s'en
sert pour fabriquer au profit d'un sociétaire, qui me
rend le même avantage en me prêtant à son tour une
même qualité et quantité. Or, quand on répartit les bénéfices, qu'est-ce donc que l'on distribue? N'est-ce
point la valeur de ce qu'a apporté chaque associé à la
masse commune, le remboursement des avances suc-
cessives? Ce qu'on paye, n'est-ce point le prix des fromages vendus et ceux-ci sont-ils donc autre chose que
le lait sous une forme nouvelle? Or cette vente en bloc
d'un apport journalier peut-elle donc être détruite dans
sa nature par ce fait, qu'au jour voulu, par suite d'une
nécessité de fabrication, mon apport a été en quelque
sorte réalisé par mes coassociés? Mais non! c'est une
des opérations de la vente finale que cette façon de réaliser l'apport, et le besoin tout matériel où l'on est d'y
recourir ne lui enlève pas sa nature de vente... Il y a
vente tout de suite de l'apport et non pas prêt entre associés, parce que plus tard il y aura vente en bloc de
cet apport, et que cette vente finale est le but même de
la société. Au jour de la distribution des bénéfices, c'est
de l'argent que reçoit chaque sociétaire ; cet argent est

tout simplement, pour chacun des membres de la fruitière, le prix de la vente de son lait (1) ».

Il nous semble plus simple et plus rationnel de décider que le lait apporté au chalet devient, immédiate-
ment après sa réception, la propriété de la société. C'est
pour la société que les fromages seront fabriqués et
c'est elle qui en supportera tous les risques. Les pénalités de la loi de 1851 seront applicables, puisqu'il y a
apport translatif de propriété, c'est-à-dire, en définitive, vente par l'associé à la société d'une certaine quantité de lait, dont le prix lui sera payé, en fin de campagne, par la répartition du prix des fromages.

En effet, la raison, d'accord avec la loi, exige que dans
toute société il y ait un apport, une mise en commun.
Si nous supposons, et l'hypothèse se rencontre en pratique, que le chalet et les ustensiles appartiennent à la
commune, si le lait, et les produits qui en sont retirés,
restent la propriété particulière de chaque associé, nous
nous trouverons en face d'une société dans laquelle il
n'y aura ni apports, ni fonds social.

En outre les sociétaires, dans la théorie de Loiseau
et de Guyétand, supportent toutes les mauvaises chan-
ces de la propriété, mais ils n'en conservent aucun des
avantages. Max Buchon disait avec raison : « Les fromages appartiennent rigoureusement à leur maître si
ces fromages n'existent plus, mais si, d'aventure, ils ne

(1) Tripard, *op. cit.*, p. 109.

sont ni volés, ni brûlés, ni perdus », le droit de propriété que l'on affirmait tout à l'heure disparaît aussitôt. De tout temps le droit de propriété s'est entendu du droit de jouissance uni au droit de disposition, *Jus utendi et abutendi*. Dans notre espèce le droit de jouissance manque absolument : le sociétaire ne peut pas consommer son fromage, ni le soigner à sa guise. Il n'a pas davantage le droit de disposition : il ne peut vendre son fromage ni à l'époque, ni à la personne, ni aux prix et conditions qui lui conviennent. Mais qu'est-ce donc que ce droit de propriété auquel manquent et le droit de jouissance et le droit de disposition, sinon un mot vide de sens ?

Le Tribunal d'Arbois avait bien compris la portée de l'usage qui a établi la fabrication au nom d'un sociétaire déterminé. Nous lisons, dans son jugement du 11 septembre 1869 :

« Attendu que si les fromages sont fabriqués successivement au nom de celui des associés qui a en compte la plus grande quantité de lait, ils appartiennent néanmoins à la société, qui seule a le droit d'en disposer et de les vendre ; que le poids de chaque fromage, marqué au nom de chacun des sociétaires, *ne sert qu'au règlement des comptes à faire entre eux* ».

Ces motifs, très justes, ont attiré les critiques les plus acerbes de Guyétand (1). Nous ne nous attacherons pas

_____

(1) Guyétand, *op. cit.*, p. 515 et suiv.

à réfuter point par point son raisonnement. L'auteur procède surtout par voie d'affirmations. Un seul des arguments dont il s'est servi pourrait faire impression :

« Une autre preuve, non moins décisive, écrit-il, que la société fromagère n'est point propriétaire des fromages, résulte de la pratique constante et invariable de ne mesurer ni noter, sur la taille, le lait que chaque sociétaire porte à la fromagerie lorsqu'il a le tour de fabrication ; car, si le sociétaire n'était pas et ne devait pas rester propriétaire définitif du fromage fabriqué pour lui, il est bien évident que, ce jour-là, comme les autres jours, son lait lui serait compté, parce que, sans cela, il le perdrait. Cette perte, il est vrai, tous les sociétaires la subiraient alternativement, mais elle n'en serait pas moins injuste ou mal compensée, puisque les quantités de lait respectivement portées par eux au chalet sont fort différentes ».

Ce raisonnement ne nous convainc pas. A quoi bon noter sur la taille le lait apporté par le sociétaire dont c'est le tour de fabrication : ce lait sera converti en fromage dont le poids servira à déterminer la part revenant à ce sociétaire dans le prix de la vente en bloc. Ce lait ne sera donc pas perdu pour lui, et quelle qu'en soit la quantité la répartition sera toujours exacte. Dans le système de Guyétand, que doit-on marquer sur la taille ? La quantité de lait prêtée ou due par chaque sociétaire à ses co-associés. Mais le lait que j'apporte au chalet le jour où le fromage est fabriqué pour moi, je me le prête à moi-même; il est donc inutile d'en indiquer la quantité. Il en est de même dans notre opinion. Le lait que j'apporte à la société, lorsque le tour de fabrication m'a été attribué, ne doit pas figurer au crédit de mon compte, car, la fabrication une fois opérée, il est représenté par un certain poids de fromage dont je deviens créancier envers la société. On ne peut pas me créditer à la fois, pour un unique apport, et d'une certaine quantité de lait et d'un certain poids de fromage. L'argument invoqué par Guyétand ne prouve rien en faveur de la thèse soutenue par cet auteur.

Les conséquences de l'opinion que nous venons de défendre ont été déjà indiquées : le lait et les fromages fabriqués étant la propriété de la société c'est elle qui en supportera les risques, c'est elle aussi qui aura seule le droit de vendre les fromages, et si les formes prescrites pour cette vente, par les usages ou par les statuts, ont été fidèlement observées, un sociétaire ne saurait refuser de livrer les fromages marqués à son nom. Enfin les altérations qu'un sociétaire aurait fait subir au lait seront réprimées par les dispositions de la loi du 22 mars 1851.

Ajoutons, pour clore l'énumération des usages observés dans les fruitières, que le tour de fabrication est attribué par le fromager, et qu'il est interdit à tout sociétaire d'emprunter du lait ou d'en prêter pour avancer ou retarder l'époque à laquelle il aura la plus haute taille.

Un autre procédé de fabrication, très employé en Suisse, a été essayé sans beaucoup de succès dans nos montagnes. La société fromagère vend, aux enchères publiques, le lait qui sera apporté au chalet pendant l'année, à un prix de... par litre. L'adjudicataire, appelé *laitier*, paie tous les mois aux sociétaires le lait qu'ils lui ont fourni, fabrique les fromages et les vend à ses risques et périls.

Ce système évite aux associés toute chance de perte : il les dispense aussi de traiter directement avec les marchands pour la vente de leurs produits, ce qui est un réel avantage ; le laitier est trop intéressé à atteindre un prix rémunérateur pour se plier aux exigences ou prêter créance aux doléances du marchand, tandis que les sociétés fromagères ne savent pas résister aux prétentions des acheteurs. Toutefois il présente un inconvénient qui a nui à son extension : on ne rencontre pas facilement des adjudicataires, car le *laitier* doit faire des avances d'argent importantes, et assume seul la responsabilité d'une fabrication souvent considérable.

CHAPITRE IV

L'administration des sociétés fromagères est presque calquée sur celle des anciennes communautés d'habitants, que nous a fait connaître la charte concédée, en 1390, par Guillaume de la Baume, aux mainmortables de Longchaumois et d'Orsières. S'agit-il d'une décision importante ? c'est l'Assemblée générale qui sera appelée à la prendre. Est-ce au contraire un acte de simple administration ? il sera accompli par des mandataires, nommés en Assemblée générale, pour une durée déterminée, et que l'on appelle encore les *syndics* ou les *prud-hommes*. Nous verrons aussi que ces syndics sont investis de certains pouvoirs de police destinés à assurer la répression des fraudes.

L'Assemblée générale est convoquée au moyen d'un simple avis affiché au chalet, quelquefois remis à domicile, qui doit indiquer l'objet de la réunion. Tous les associés doivent y être appelés, et nous entendons par associés les chefs de famille. Le plus souvent le vote se fait par tête ; dans quelques sociétés on a voulu proportionner la valeur des suffrages à l'intérêt de chaque membre dans l'association, et l'on a donné une voix de une à cinq vaches, deux voix de cinq à dix, etc.... Ce système, qui est surtout employé dans le canton de Fribourg, est rarement suivi en Franche-Comté. Sont électeurs tous les associés ; les incapables sont représentés par leurs tuteurs ou leurs curateurs. Tous les électeurs sont de même éligibles aux fonctions de prud'hommes ou de gérants, sauf toutefois les incapables, femmes mariées ou mineurs, auxquels certains règlements reconnaissent le droit de vote. La majorité absolue est requise au premier tour de scrutin ; si elle n'est pas obtenue, il y a lieu à un deuxième vote où la majorité relative suffit.

L'Assemblée générale a la plénitude des pouvoirs. Elle en délègue une partie aux gérants qu'elle a choisis et dont le rôle est ordinairement limité aux actes d'administration. Toutes les fois qu'une décision excédera le mandat confié aux gérants, l'Assemblée générale aura seule qualité pour la prendre ; il en sera ainsi au cas d'achat ou de construction d'un chalet, d'emprunt, de revision des statuts. Quelquefois c'est l'Assemblée générale qui traite avec le marchand pour la vente des fromages ; elle est aussi appelée à prononcer l'exclusion d'un membre de la société.

Les prud'hommes ou gérants sont au nombre de trois, cinq ou sept, suivant l'importance de la société ; « ils forment un conseil permanent de direction, d'administration et de surveillance (1) » ; ils se réunissent quand

_____

(1) Tripard, *op. cit.*, p. 139.

bon leur semble et prennent leurs décisions à la majorité. L'étendue et la durée de leurs pouvoirs sont déter-
minées par les statuts ou par les usages ; en principe
ils sont chargés de tous les actes d'administration : ils
fixent les heures auxquelles le lait doit être porté au
chalet, engagent le fromager, font procéder aux réparations du chalet, constatent et répriment les infractions
aux règlements et les fraudes, arrêtent les comptes
actifs et passifs, en reçoivent ou en payent le solde, répar-
tissent le prix des fromages entre les ayants droit. Souvent aussi ils sont chargés de vendre les fromages, soit
de leur seule décision, soit après avoir pris l'avis des
plus forts sociétaires.

La vente des fromages n'est donc pas un acte de simple administration, mais au contraire un acte important que les gérants ne peuvent accomplir si les statuts,
par une clause expresse, ne leur en confèrent le pouvoir. Il est arrivé qu'en l'absence de gérants un sociétaire se soit arrogé le droit de conclure seul la vente des
fromages. A notre avis un tel contrat est nul et n'engage
pas la société. L'acheteur, s'il est de bonne foi, aura
seulement un recours en dommages-intérêts contre le
sociétaire, qui l'a trompé en se présentant à lui comme
mandataire de la société ; mais il ne peut exiger l'exécution du marché, même pour la part appartenant au vendeur dans les fromages fabriqués, sinon on contrevien-
drait aux statuts qui n'autorisent que la vente en bloc.

Nous ne saurions donc approuver l'arrêt de la Cour

de Besançon du 19 mars 1853 décidant que le sociétaire, qui a conclu semblable marché, ne doit pas être condamné seul, *pour le tout*, soit à l'exécution de la vente, soit aux dommages-intérêts résultant du défaut d'exécution, mais ne peut être poursuivi que *pour sa part*, attendu qu'il n'y a pas solidarité entre les associés et dans le cas seulement où il n'aurait pas exécuté la convention *pour sa part*.

On appliquera aux ventes des fromages, qu'elles soient faites par l'Assemblée générale ou par les gérants, les règles ordinaires de la matière. Nous devons signaler toutefois une convention assez fréquente dans nos montagnes : *la vente à confront*. C'est la vente des fromages à un prix égal, supérieur ou inférieur d'une quantité déterminée, au prix qui sera payé à une ou plusieurs autres sociétés, désignées pour servir de confront. Si ces dernières traitent à des prix différents on prendra la moyenne pour base. Cette combinaison est parfaitement valable en droit, mais elle prête à des fraudes faciles et le plus souvent elle est désavantageuse pour la société.

Le contrat qui intervient entre les gérants et leurs coassociés est un *mandat*. On fera donc application des règles contenues aux articles 1984 à 2010 du Code civil, tant pour établir l'existence de ce mandat que pour déterminer les obligations des gérants et celles de la société. Une seule différence est à signaler : les gérants n'ont pas la faculté de substituer ; ils ont été choisis en considération de leurs qualités personnelles et ils ne peuvent, au moyen d'une substitution de pouvoirs, imposer à leurs coassociés un mandataire en qui ils n'auraient pas confiance. Guyétand signale une deuxième exception ; à son avis le gérant d'une fromagerie ne serait pas révocable *ad nutum* « d'une part parce que, dans une certaine mesure, il doit être considéré comme *procurator in rem suam*, et d'autre part parce qu'il a été élu en exécution des statuts sociaux obligatoires pour tous (1) ».

Les gérants ont aussi certains pouvoirs de police qui leur permettent de punir les associés qui se rendent coupables de fraudes. Nous étudierons, dans un chapitre spécial, les moyens employés pour constater la fraude, les pénalités qui peuvent être encourues et l'autorité qui doit être reconnue aux décisions des prud'hommes.

Il est à peine besoin d'indiquer ici que les actes accomplis par les gérants, dans les limites de leurs pouvoirs, ne les obligent pas personnellement mais obligent seulement la société. Il arrive fréquemment que les gérants continuent à administrer la société alors que la durée fixée à leurs fonctions est expirée. Aucune difficulté ne peut s'élever dans cette hypothèse. Si l'on ne pouvait faire la preuve de la prorogation tacite de leur mandat, on trouverait toujours un secours suffisant

(1) En ce sens Besançon, 9 juin 1881.

dans les règles de la gestion d'affaires, d'autant mieux que cette gestion est parfaitement connue de tous les sociétaires.

Une question très importante, qui divise encore les auteurs et la jurisprudence, est celle de savoir si les gérants ont qualité pour représenter la société en justice. La réponse affirmative s'impose à ceux qui reconnaissent aux associations fromagères la personnalité civile. Mais, si on leur refuse cette personnalité, la solution doit être tout autre. Les arguments par lesquels H. Tripard (1) essaie de justifier l'opinion contraire, ne nous semblent pas concluants. « Ce qui rendra opposables à tous les membres de la société les décisions rendues contre ceux d'entre eux à qui ils ont confié la direction, c'est qu'en s'engageant à en faire partie (de la société), ils ont d'avance accepté cette situation et consenti à leur représentation, pour tous leurs intérêts sociaux, par les membres désignés à l'avance. Dira-t-on qu'il y a là une dérogation à la règle que « nul en France ne plaide par procureur »? non, parce que ces gérants sont mis en cause pour des intérêts qui sont les leurs, ils sont sociétaires comme tous leurs associés, et c'est leur propre cause à laquelle ils défendent ou qu'ils soutiennent. Qu'importe à nos lois sur la représentation en justice que cette décision, rendue contre quelques-uns, s'applique à tous, puisque cette application n'est plus qu'une

_____

(1) Tripard, *op. cit.*, p. 132 *in fine* et 133.

règle d'ordre intérieur, qu'une question privée qu'il a plu à telles ou telles personnes de résoudre ainsi? Ce sont des intéressés directs qui sont en cause, le principe est donc absolument respecté ; il plaît à d'autres de se conformer à la décision rendue, c'est leur affaire ».

Nous répondrons que ce serait aussi leur affaire s'il leur plaisait de ne pas s'y conformer : si le jugement rendu contre les gérants n'est opposable aux membres de la société que lorsque tel sera leur bon plaisir, il n'y a pas autorité de chose jugée. De deux choses l'une, ou bien les gérants sont mis en cause comme représentant la société, et alors la décision rendue doit être exécutoire contre tous les membres, qu'ils le veuillent ou non ; ou bien ils ne sont actionnés qu'en leur qualité de sociétaires : ils seront condamnés en leur nom personnel, pour leur part et portion, mais ce jugement ne saurait en aucune manière être opposable à leurs coassociés. Nous déciderons donc que tous les membres de la société fromagère doivent figurer nommément dans l'instance. Les inconvénients que cette solution présente en pratique ne sauraient autoriser à déroger aux règles formalistes de la procédure (1).

(1) En sens contraire, Besançon, 12 mars 1853, 21 août 1869 ; Pontarlier, 11 juin 1884.

CHAPITRE V

On appelle *chalet* ou *fruitière* la construction dans laquelle se fabriquent les fromages. A l'origine la fabrication se faisait à tour de rôle chez chacun des associés. Les fromages étaient ensuite transportés dans une cave commune, où le *gruyrin* ou fromager leur donnait les soins nécessaires. Cet usage a longtemps subsisté, et dans beaucoup de maisons de nos montagnes on trouve, sous l'immense cheminée, la potence à laquelle on suspendait la chaudière. Aujourd'hui encore, c'est au sociétaire « *qui a le fromage* » à fournir le bois de chauffage : cette ancienne habitude est un vestige du procédé de fabrication que nous venons de signaler.

Les nombreux inconvénients de ce système conduisirent les associés à se procurer un local particulier, destiné exclusivement à la fabrication des fromages, et qui serait à l'usage de tous. Trois situations peuvent se présenter : le chalet appartient à la société, ou bien il est loué par elle, ou encore il est la propriété de la commune.

Ce dernier cas, qui devient de plus en plus fréquent, ne présente pas de difficultés : une seule société de fro-

magerie existe dans la commune ; tout habitant peut en
être membre et, par suite, jouir du chalet qui a été payé
des deniers communaux. Le plus souvent aucun loyer
n'est imposé à la société.

Dans les deux autres cas, le chalet, ou le droit au
bail, et les ustensiles de fabrication font partie du fonds
social. Il semble que nous soyons en présence d'un
droit de propriété ordinaire et qu'aucune question particulière ne puisse être soulevée. Il n'en est pas ainsi.
Nous choisissons l'hypothèse la plus fréquente : les
associés d'une fruitière achètent ou font construire un
chalet. Le prix en est payé par eux au moyen d'un
emprunt, remboursable par un amortissement dont les
annuités sont, chaque année, prélevées sur les bénéfices, et, par suite, réparties proportionnellement au
profit que chaque membre a retiré du chalet. Certains
propriétaires, qui étaient sortis quelque temps de l'association, veulent y rentrer ; on les reçoit en exigeant
d'eux une somme représentant la part qui leur serait
incombée dans les annuités déjà acquittées. Le chalet
est enfin payé. La société continue de subsister, et sa
composition se modifie sans cesse par le décès, la retraite volontaire, l'exclusion de quelques-uns de ses
membres ou l'admission de nouveaux associés. Puis,
un jour, une scission se produit ; les dissidents viennent
devant les Tribunaux demander qu'il leur soit payé la
part qui leur appartient dans le chalet et dans les ustensiles, que par conséquent le chalet soit licité, et le prix
partagé entre les ayants droit.

Telle est la difficulté qui s'est présentée plusieurs
fois en pratique. Tous les auteurs qui ont écrit sur cette
matière sont d'accord pour décider que la licitation du
chalet ne peut pas être ordonnée. Quant à la jurisprudence, ses décisions sont contradictoires : tantôt elle
reconnaît que le chalet ne peut être licité (1), tantôt elle
juge que la volonté d'un seul des associés suffit à provoquer cette licitation (2).

Guyétand justifie en ces termes cette prohibition de
liciter :

« Deux raisons, qui se confondent en quelque sorte,
sont un obstacle invincible à ce que le partage ou la
licitation forcée du chalet puisse être demandée : la
première, c'est la servitude d'indivision ; la seconde,
c'est l'impossibilité d'annuler ou de modifier un contrat
légalement formé, sans le consentement de tous ceux
qui y ont été parties. Les dispositions de l'article 815
du Code civil ne sont pas tellement impératives, et surtout tellement générales, que, contrairement à une stipulation expresse ou même tacite d'état d'indivision, on
puisse venir demander le partage ou la licitation des
biens qui ont été l'objet d'une semblable stipulation,
ou en ramener la durée obligatoire à cinq ans. Ainsi, il
est de doctrine et de jurisprudence constantes que le
vestibule commun à deux maisons peut être grevé à

---

(1) Besançon, 8 janvier 1851, 8 janvier 1861, 24 décembre 1862;
Pontarlier, 15 mai 1888.
(2) Besançon, 12 juin 1863, 28 mars 1862.

perpétuité d'une servitude d'indivision. Il en serait de
même d'une cour de deux maisons. Ces principes sont
tellement en dehors de toutes controverses sérieuses
qu'il me paraît complètement inutile de citer des auto-
rités. A plus forte raison doit-on admettre que la stipulation d'indivision d'un chalet, et la prohibition d'en
demander le partage ou la licitation, sont parfaitement
légales et obligatoires, quel que soit le temps qu'elles
doivent durer, parce que sans cet état d'indivision et la
jouissance en commun, le chalet ne remplirait plus ni
la destination qui lui a été assignée ni le but que les
sociétaires s'étaient proposé. — Dans les hautes montagnes du Doubs et du Jura, où la fabrication des fromages est à peu près le seul moyen d'exploitation des
terres, il y aurait une troisième raison qui s'opposerait
à la licitation ou au partage forcé du chalet, ce serait la
servitude dont le chalet serait grevé envers les fonds
appartenant aux habitants du lieu où le chalet aurait été
construit ou acheté, parce qu'il est évident qu'il l'aurait
été pour l'usage et l'utilité des propriétés particulières
et qu'on se trouverait dans les prévisions de l'article 637
du Code Napoléon. Par suite, cette servitude ne pourrait s'éteindre que par l'un des modes dont parlent les
articles 703 et suivants du même Code (1) ».

L'associé qui se retire volontairement, ou qui est
exclu ne peut avoir droit à aucune indemnité : c'est par

(1) Guyétand, *op. cit.*, p. 130.

son fait ou par sa faute qu'il est privé des avantages du chalet, et sa retraite ne profite en aucune manière à ses coassociés.

« Tous les sociétaires, conclut Guyétand, et chacun d'eux en particulier, ont donc la faculté indéfinie d'user du chalet. Par cela même, la volonté d'un seul des sociétaires serait suffisante pour empêcher le partage ou la licitation de ce chalet, s'il lui convenait de faire fruitière seul, parce qu'alors il jouirait du chalet selon sa destination et en vertu du droit qui lui appartiendrait (1) ».

Au cas même où un acte écrit d'association aurait assigné à la société une durée limitée, ce terme une fois arrivé la licitation du chalet n'en resterait pas moins impossible, parce que, après cette époque comme avant, subsisteraient la destination du chalet, le droit pour les propriétaires de jouir de ce chalet et la servitude d'indivision.

Les mêmes motifs conduisent à interdire la licitation du droit au bail si la société, n'ayant pas de chalet, a loué un local pour en tenir lieu, et celle du mobilier d'exploitation qui, au surplus, est immeuble par destination à titre d'accessoire du chalet, et par suite grevé comme lui de la servitude d'indivision.

De l'exposé un peu confus que nous empruntons à Guyétand il nous semble qu'on puisse dégager cette thèse.

(1) *Ibid.*, p. 136.

Le chalet a été construit par les associés des fromageries pour l'utilité de leurs propriétés particulières ;
ils ont voulu qu'il restât toujours affecté à l'usage auquel ils le destinaient pour leur permettre l'exploitation
de leurs pâturages au moyen de l'industrie fromagère.
Entre eux est donc intervenu un contrat, tacite ou exprès, par lequel ils ont grevé le chalet d'une servitude
d'indivision au profit de leurs héritages. Que cette convention soit autorisée par les articles 637 et 639, cela
ne peut faire aucun doute. On ne peut nous objecter la
règle *Nemini res sua servit* : le chalet, propriété de la
société, ou plus exactement de l'ensemble des associés,
peut être grevé de servitude au profit des fonds appartenant à chacun de ces associés en particulier : je ne
puis grever mon immeuble d'une servitude au profit
d'un autre de mes immeubles, de même que je ne puis
me donner à bail à moi-même la maison qui m'appartient : ces contrats n'auraient pas de sens ; mais, associé d'une fromagerie je puis louer ma maison à la société dont je fais partie ; pourquoi en serait-il autrement du contrat de servitude que du contrat de bail ?

Cette convention est-elle prohibée par l'article 815 ?
En aucune manière ; les auteurs et la jurisprudence,
malgré la généralité des termes de l'article 815, sont
d'accord pour décider qu'il n'y a pas lieu au partage
d'une dépendance de plusieurs propriétés, créée ou con-
servée pour être utilisée en commun, en vue de l'exploitation de ces propriétés. Cette restriction au principe

que nul n'est tenu de rester dans l'indivision est conforme à l'intention qui a dicté cette règle au législateur ; l'esprit de la loi doit prévaloir sur la lettre.

Si donc on reconnaît la validité de cette convention de servitude il faut décider que le chalet ne saurait être licité que du consentement de tous. Le mobilier d'exploitation, immeuble par destination, suivra la condition du chalet.

Cependant nous ne croyons pas que ce soit dans une convention de cette nature qu'il faille chercher le motif qui interdit la licitation du chalet. A notre avis la véritable raison de cette prohibition de liciter est l'existence du contrat de société intervenu entre les copropriétaires. L'application de l'article 815 doit en effet être écartée lorsque l'indivision résulte d'une convention de société. Le but de cette disposition a été de permettre à tout cohéritier de sortir de la communauté qui s'est établie accidentellement, entre personnes qui ne se sont pas librement choisies ; il a été dicté par cette considération que l'indivision forcée offre les plus graves inconvénients. Il en est tout autrement lorsque cette communauté est établie volontairement par les parties, dans la vue d'un bénéfice à partager. Ce but ne pourrait être atteint si chacun avait la faculté de rompre l'association quand bon lui semblerait. Au surplus le Code civil a lui-même fait exception à l'article 815 par l'article 1871.

Le chalet a bien été construit par des *associés*, dans la vue d'un bénéfice à réaliser et à partager entre eux ; le chalet fait partie du fonds social. *Il ne peut donc être li-cité tant que la société n'est pas dissoute.* Or nous ver-rons, dans un chapitre spécial, que la société froma-gère est d'une durée illimitée. L'associé, ou les associés qui se retirent, ne peuvent demander la licitation, parce que leur retraite ne provoque pas la dissolu-tion de la société. La prohibition de liciter le fonds social tant que la société n'est pas dissoute est néces-saire au fonctionnement de toute association coopéra-tive : la clause qui établit cette prohibition, écrite dans les statuts, serait certainement licite et obligatoire ; elle est également licite et obligatoire lorsqu'elle est tacite. En résumé la licitation du chalet est interdite par une *convention tacite*, qui a pu faire exception aux disposi-tions de l'article 815, parce que nous sommes en ma-tière de *société*.

Que l'on ne dise pas, d'ailleurs, que c'est autoriser une véritable expropriation sans indemnité : l'associé qui se retire ou qui est exclu ne perd pas ses droits au chalet ; il est privé, par sa volonté ou à titre de peine, de la jouissance de ce droit, mais le droit lui-même ne lui est pas enlevé.

A cette impossibilité juridique de liciter le chalet vient s'ajouter une impossibilité matérielle ; supposons la so-ciété fromagère complètement dissoute ; aucun proprié-taire ne veut faire fruitière ; la licitation du chalet pourra être demandée ; mais quels sont ceux qui doivent y être appelés ? « Le concours des seuls associés existant à cette époque, répond Guyétand, suffira pour la licitation ». Cet auteur se met en contradiction avec lui-même ; il reconnaît, comme nous l'avons fait nous-même, que l'associé qui s'est retiré de la société, ou qui en a été exclu n'a pas perdu ses droits au chalet ; il doit donc être appelé à la licitation. La licitation, pour être régulière, doit s'opérer entre tous les copropriétaires : il faudra, par suite, exiger le concours de tous ceux qui ont fait partie de la société, depuis sa formation jusqu'à sa dissolution, ou de leurs ayants cause. La répartition du prix présentera des difficultés insurmontables : Guyétand décide, à tort, que cette répartition se fera par égales parts ; elle doit se faire proportionnellement aux droits des parties dans les objets licités ; or nous avons vu que le prix du chalet est ordinairement prélevé sur les bénéfices annuels et acquitté au moyen d'amortissements successifs : il est donc payé par tous les associés en proportion de leur apport. Cet apport variant chaque année, on peut se convaincre que la licitation du chalet et le partage du prix sont pratiquement impossibles.

Tout ce que nous venons de dire du chalet s'applique, *mutatis mutandis,* au droit au bail.

CHAPITRE VI

Le lait apporté au chalet peut être vicié soit par une cause indépendante de la volonté de l'homme, comme s'il provient de vaches malades, soit par des manipulations frauduleuses. Au premier cas, le sociétaire qui, de mauvaise foi, apporterait ce lait à la fromagerie, pourrait être condamné à des dommages-intérêts envers la société, et s'exposerait même à des poursuites correctionnelles (loi du 27 mars 1851, art. 1er, 2e). C'est d'ailleurs le devoir du fromager de refuser le lait vicié.

Le lait peut être altéré par diverses sophistications. La fraude la plus fréquente et la plus facile consiste dans l'addition d'eau et la soustraction d'une partie de la crême. Le fromager doit vérifier fréquemment la qualité du lait qu'il reçoit, et, si quelques indices font naître des soupçons dans son esprit, il doit prévenir les prud'hommes. Ceux-ci chercheront à découvrir le fraudeur au moyen d'enquêtes ou par l'analyse chimique du lait que l'on suppose altéré. Toutefois les décisions des gérants ne font pas preuve de la fraude, le sociétaire inculpé peut en contester la valeur et nous sommes d'accord avec la jurisprudence pour reconnaître que, dans ce cas, la fraude doit être établie en justice (Besançon, 3 janvier 1840, 14 février 1852).

Cette preuve faite, le délinquant est passible de deux sortes de pénalités, et justiciable de deux juridictions différentes. Il peut être traduit devant le tribunal de police correctionnelle, en vertu de la loi du 27 mars 1851, qui punit de la prison et de l'amende « ceux qui falsifieront des substances ou denrées alimentaires destinées à être vendues ». La société, comme partie civile dans l'instance correctionnelle, ou par une action ultérieure, peut obtenir en outre des dommages-intérêts. L'application au fraudeur des pénalités établies par la loi de 1851 ne soulève aucune objection, si l'on reconnaît avec nous que le lait apporté au chalet devient la propriété de la société. Nous avons vu qu'il en est tout autrement si l'on admet qu'il y a prêt de consommation entre les sociétaires.

Cette poursuite correctionnelle n'est pas la seule qui puisse être intentée ; les statuts sociaux, ou les usages qui en tiennent lieu dans les sociétés tacites, donnent aux prud'hommes le pouvoir d'infliger au fraudeur diverses pénalités : l'amende, la confiscation des fromages, l'exclusion temporaire, l'exclusion définitive. Cette dernière peine est très grave, l'exclu ne pourra plus désormais entrer dans aucune société que de l'assentiment unanime des membres qui la composent ; aussi est-elle rarement prononcée. Nous savons déjà que l'exclusion n'enlève que l'exercice du droit au chalet, mais non le

6

droit lui-même : ce droit passera donc aux ayants cause de l'exclu, aux mains desquels il recouvrera son intégrité. Le principe de la personnalité des peines est ainsi respecté.

Ce pouvoir de police conféré aux prud'hommes, qui rappelle celui dont étaient investis les syndics des communautés d'habitants pour assurer le recouvrement des redevances, donne matière à des discussions juridiques. La clause des statuts qui établit cette juridiction particulière est-elle valable en droit ? Et, si oui, en quelle qualité agissent les gérants ? quelle est l'autorité de leurs décisions ?

Pour M. Tripard, la validité de la clause que nous étudions ne fait aucun doute : « L'article 1003, écrit-il, dispose en effet que toutes personnes peuvent compromettre sur les droits dont elles ont la libre disposition. Dès lors on ne peut, au point de vue légal, critiquer la clause par laquelle les associations fruitières, dans les compromis ou dans les statuts qu'elles adoptent, investissent leurs gérants du pouvoir de statuer sur les difficultés qui s'élèvent soit entre les associés eux-mêmes et à l'occasion de l'association, soit entre les associés et le fruitier (1) ».

Les incapables eux-mêmes, mineurs, interdits, femmes mariées non autorisées, peuvent valablement consentir cet arbitrage, car « il s'agit ici d'une association

_____

(1) Tripard, *op. cit.*, p. 179.

toute particulière : en reconnaissant au profit des incapables la faculté de s'y engager, on leur concède vir-
tuellement, forcément, le droit d'invoquer et de subir
toutes les obligations contenues dans le pacte de société.
On pourrait ajouter encore qu'il ne faut point retourner
les lois de protection contre leur but, et que c'est ici
sauvegarder les intérêts en jeu que d'éviter, à des contestations généralement de peu d'importance, les frais
et les lenteurs judiciaires, dans un cas où les garanties
qui en résultent ne sont nullement nécessaires (1) ».

Cette opinion conduit à reconnaître que les gérants,
pour la validité de leurs décisions, doivent se conformer
aux règles écrites dans les articles 1003 et suivants du
Code de procédure civile, et que leurs sentences ne
sont pas soumises à la censure des tribunaux (2).

Ces conséquences avaient paru fâcheuses à Guyétand :
les frais qu'entraîne une procédure d'arbitrage sont
relativement considérables ; les gérants, si leurs décisions étaient souveraines, se trouveraient armés d'un
pouvoir discrétionnaire, qu'ils mettraient peut-être au
service de leurs haines personnelles. Libres de prononcer à leur gré et sans recours l'exclusion de la société
fromagère, ils pourraient devenir de véritables tyran-
neaux de village. Il est nécessaire que l'autorité judiciaire puisse intervenir.

La théorie défendue par Tripard présente d'ailleurs

(1) *Ibid.*, p. 180.
(2) *Ibid.*, p. 186.

un autre danger. Si les gérants sont des arbitres, la
clause qui leur a conféré ces pouvoirs risque fort d'être
une *clause compromissoire,* que les auteurs et la jurisprudence s'accordent à proclamer nulle. Guyétand a
essayé de tourner cette difficulté.

A son avis les pouvoirs de police conférés aux gérants
rentrent dans les termes du mandat général qui leur est
donné pour administrer la société : « Les pouvoirs des
gérants de fromagerie, même en ce qui concerne les
peines à appliquer aux associés pour infractions aux sti-
pulations prohibitives des statuts sociaux, ne consti-
tuent qu'un mandat ordinaire, et, quand il s'élève des
difficultés à l'occasion de son exécution, les tribunaux
ont simplement à rechercher si les gérants se sont ren-
fermés dans la limite des pouvoirs dont ils ont été investis, et c'est seulement lorsque cette limite a été mé-
connue qu'il est permis aux tribunaux d'annuler ou de
modifier les décisions prises par les gérants. La juridiction des tribunaux ne peut évidemment s'étendre plus
loin, du moment que l'on admet que l'institution des
gérants et le mandat qui leur est donné sont des conventions licites qui deviennent la loi commune des sociétaires (1) ».

De nombreux arrêts ont reconnu la validité de la
clause qui donne aux gérants le droit d'exclure et de punir les fraudeurs, en réservant toutefois aux tribunaux

_____

(1) Guyétand, *op. cit.*, p. 31, *in fine*, et 32.

le droit de contrôler et de réformer leurs sentences, « car le pacte social n'a jamais entendu attribuer aux gérants une omnipotence absolue, ni priver l'associé, frappé d'une mesure aussi grave, de la faculté de se pourvoir en justice contre une décision pouvant, dans certains cas, entraîner sa ruine ; non seulement une telle omnipotence ne dérive pas des statuts, mais elle est repoussée par leur texte et par leur esprit ; elle est d'ailleurs contraire à l'usage ». Les décisions des gérants sont donc, non pas des sentences arbitrales, mais de simples mesures de police intérieure prises en conformité des clauses du traité social. C'est en ce sens qu'est fixée la jurisprudence de la Cour de Besançon (1).

Aucune de ces opinions ne nous paraît exacte.

La théorie soutenue par M. Tripard soulève de graves objections. C'est un principe d'ordre public que nul ne peut être distrait des tribunaux ordinaires et forcé de se soumettre à la décision d'arbitres contre sa volonté. Le Code de procédure permet sans doute les arbitrages, mais à la condition nécessaire que le compromis soit dressé dans les formes prescrites par les articles 1003 et 1006 : le compromis doit, à peine de nullité, indiquer les objets en litige et les noms des arbitres. Or les statuts des associations fromagères ne contiennent pas les

_____

(1) Besançon, 11 août 1848, 17 mars 1853, 12 mars 1867, 5 juin 1866. Voir aussi les arrêts des 9 janvier 1840, 14 février 1852. Le tribunal civil de Chambéry a toutefois jugé le 5 décembre 1892 que les décisions des gérants n'étaient pas soumises au contrôle des tribunaux.

noms des gérants, mais établissent seulement le mode
à suivre pour leur nomination ; ils ne désignent pas
davantage l'objet en litige ; les termes généraux par lesquels ils investissent les gérants du pouvoir de punir les
fraudes et les infractions au règlement ne peuvent rem-
placer la désignation exacte du litige. Le compromis
que M. Tripard croit trouver dans les statuts ne satisfe-
rait donc pas au prescrit de l'article 1006 du Code de
procédure.

A plus forte raison devrait-on dénier aux gérants des
sociétés tacites de fromagerie le caractère d'arbitres :
l'article 1005 du Code de procédure civile exige que le
compromis soit constaté par un acte écrit.

En admettant même l'existence et la validité de ce
prétendu compromis, nous ne saurions reconnaître qu'il
oblige les incapables. Les arguments de M. Tripard
nous paraissent insuffisants pour permettre de dépasser
les limites étroites que le Code civil a imposées à la capacité des mineurs, des interdits et des femmes mariées, et qui, pour ce cas particulier, sont reproduites
dans l'article 1003 du Code de procédure.

Entre la thèse de Guyétand et celle de M. Tripard il
n'y a qu'une différence de mots : le compromis est un
mandat donné aux arbitres par les parties en litige de
vider le procès qui les divise ; le mandat donné aux gérants des fromageries, par leurs coassociés, de décider
les contestations qui peuvent surgir, nous paraît ne pas
être autre chose qu'un compromis. Les arguments que

nous avons produits tout à l'heure conservent ici toute leur force.

La théorie de la jurisprudence se heurte aux mêmes objections. Il ne suffit pas d'affirmer que les décisions des gérants sont des mesures de police intérieure : qui a donné aux gérants les pouvoirs dont ils usent, sinon leurs coassociés ; et par quelle convention, sinon par un compromis ?

Des espèces analogues à celle que nous étudions ont été soumises à la Cour de cassation. Il a été jugé notamment que la clause des statuts d'une société de secours mutuels portant que toute réclamation faite par un des sociétaires serait soumise au conseil d'administration de la société, qui aurait seul droit de statuer, est nulle comme constituant une *clause compromissoire*, ne renfermant pas la désignation de l'objet du litige (1).

Semblable décision s'impose en notre matière. Peu importe que les gérants, statuant sur les différends qui leur sont soumis, agissent comme arbitres, comme mandataires ou comme administrateurs ; tous les litiges qui leur sont déférés concernent l'exécution de la convention sociale et des engagements contractés par les associés. C'est aux tribunaux ordinaires qu'il appartient de vider ces contestations, à moins qu'un compromis, satisfaisant aux prescriptions de la loi, n'en attribue la connaissance aux gérants. Or nous avons vu

(1) Cass., 23 mai 1860 ; Douai, 24 novembre 1871 ; Cass., 10 juin 1872.

que les statuts sociaux, et, *a fortiori*, les usages qui peuvent en tenir lieu, ne contiennent pas les éléments constitutifs du compromis. Ils renferment bien un engagement *éventuel* de soumettre à des arbitres les litiges à venir, une renonciation *éventuelle*, et pour un événement plus ou moins exactement prévu et défini, à la juridiction des tribunaux ; mais ce sont là les caractères distinctifs de la stipulation connue dans la pratique sous le nom de *clause compromissoire* ; et l'on est aujourd'hui d'accord pour reconnaître que cette clause est nulle, si elle ne satisfait pas aux conditions imposées par la loi à la validité du compromis, c'est-à-dire si elle ne contient pas le nom des arbitres et la désignation exacte du litige qui leur sera soumis.

Nous ne reconnaissons ainsi aucune valeur légale aux décisions des gérants et aucune force obligatoire aux condamnations qu'ils infligent. Il nous semble toutefois qu'il est possible d'assurer un effet important aux clauses établissant contre les fraudeurs des peines qui s'échelonnent de l'amende à l'exclusion définitive. Elles ont été insérées dans les statuts pour assurer l'exécution du pacte social : ce sont des clauses pénales qui rentrent dans les termes de l'article 1226 du Code civil. Les pénalités qu'elles portent contre les délinquants devront être prononcées par les Tribunaux sans qu'il soit permis aux juges de les modifier, sauf au cas d'exécution partielle de l'obligation (art. 1231, C. civ.) (1).

(1) En ce sens Besançon, 27 août 1869.

CHAPITRE VII

DU FROMAGER.

Les sociétés fromagères confient la fabrication et le soin des fromages à un homme du métier, qu'on appelle le *fromager* ou *fruitier*. Jusqu'à l'époque actuelle la plupart des fromagers venaient du pays de Gruyère ; de là les noms de *grurins*, *gruyrins*, sous lesquels ils étaient aussi connus. On les entourait autrefois d'une sorte de crainte superstitieuse : tous les fromagers fribourgeois étaient devins et sorciers. Munier raconte agréablement quelques-uns des hauts faits de sorcellerie qui leur sont attribués (1). La routine la plus grossière a régné longtemps dans la fabrication ; aujourd'hui des écoles spéciales, notamment celles de Poligny dans le Jura et de Mamirolles dans le Doubs, donnent aux fromagers l'instruction technique qui leur est nécessaire.

Le fromager est engagé par les gérants, quelquefois par l'assemblée générale, dans les conditions prévues dans les statuts ou établies par l'usage. Guyétand et Tripard voient dans le contrat ainsi formé un louage d'industrie. La fabrication des fromages, disent-ils, n'est

(1) Munier, *Manuel des fromageries*, p. 31.

point une opération purement mécanique ; elle exige
une longue expérience et des connaissances spéciales.
C'est le fromager qui est chargé de recevoir les apports,
de tenir les comptes particuliers de chaque sociétaire,
d'attribuer le tour de fabrication. Il n'est pas un domes-
tique : il agit au contraire de sa propre inspiration et
sous sa responsabilité personnelle.

Pour ces auteurs le critérium qui permet de distin-
guer le contrat de louage de services du contrat de
louage d'industrie serait ainsi la difficulté plus ou moins
grande que présente le travail à effectuer et le plus ou le
moins d'intelligence et d'instruction nécessaire pour
l'accomplir. Cette idée nous paraît inexacte, et ce critérium bien incertain. A notre avis ce qui distingue
essentiellement le louage des entrepreneurs de celui
des gens de travail, c'est que ceux-ci louent leur travail
qui doit leur être payé à raison de sa durée, tandis que
les entrepreneurs s'engagent à confectionner un ouvrage
dont la valeur a servi ou servira à établir la somme qui
doit leur être payée : la rémunération des gens de service est calculée sur la durée de leur travail, celle des
entrepreneurs sur la valeur de ce travail. Le fromager
s'engage pour une année de fabrication moyennant une
somme déterminée ; cette somme est un gage, un sa-
laire, et par suite le contrat conclu entre le fromager et
la société est un louage de services.

La question que nous venons de discuter présente
les intérêts suivants :

L'action du fromager contre la société, en paiement de la rémunération qui a été stipulée à son profit, se prescrira par un an (art. 2272, C. civ.) ; sa créance sera garantie par le privilège de l'article 2101, 4° ; le fromager profitera de l'extension de compétence accordée aux juges de paix par l'article 5, 3° de la loi du 25 mai 1838, et pourra citer la société fromagère devant le tribunal de paix, à quelque valeur que sa demande puisse s'élever ; avant l'abrogation de l'article 1781 du Code civil par la loi du 2 août 1868, l'affirmation du maître aurait formé preuve contre le fromager pour établir la quotité de ses gages et les paiements effectués ; enfin la société fromagère sera civilement responsable des faits dommageables accomplis par le fromager dans l'exercice des fonctions qui lui sont confiées (art. 1384, C. civ.).

Guyétand et Tripard décident au contraire que l'action du fromager contre la société se prescrit par trente ans ; que sa créance est garantie par le privilège de l'article 2102, 3° du Code civil ; que le tribunal de paix ne sera appelé à statuer, même à charge d'appel, que si la demande du fromager n'excède pas deux cents francs ; que l'article 1781 du Code civil n'aurait pas été applicable à notre matière, et même que la responsabilité établie par l'article 1384, 3° du Code civil ne doit pas être encourue par la société fromagère.

Le fromager doit donner tous ses soins à la fabrication ; dès qu'il s'aperçoit qu'elle est vicieuse ou impar-

faite son devoir est de prévenir les gérants. Si les mal-
façons proviennent de l'ignorance ou de l'inexpérience
du fromager, la société pourra résilier le marché qu'elle
a conclu avec lui par application de l'article 1184. Si le
fromager avait continué une mauvaise fabrication sans
prévenir les administrateurs, sa responsabilité serait
engagée et il serait tenu personnellement de réparer le
préjudice causé par sa faute.

L'engagement du fromager est ordinairement contracté pour la durée d'une période de fabrication, durée
qui varie d'une société à l'autre. Il ne se proroge pas
par tacite reconduction. Toutefois si le fromager recom-
mençait la fabrication l'année suivante sans opposition
de la société il faudrait admettre un réengagement tacite, dont les conditions seraient celles du premier contrat. Mais pas n'est besoin, de part ni d'autre, de faire
signifier d'avance la volonté de ne pas continuer le louage
d'industrie qui a été conclu au delà de la durée qui lui
était assignée. Tel est l'usage généralement suivi.

Le contrat de louage qui lie le fromager à la société
est dissous par la mort du fromager. Mais la volonté
d'une seule des parties contractantes ne suffirait pas
pour le résilier, l'engagement étant contracté pour une
durée déterminée (art. 1780, C. civ. complété par la loi
du 27 décembre 1890, art. 1er). Au cas de motifs graves
on pourrait obtenir la résiliation de ce contrat par application de l'article 1184.

CHAPITRE VIII

DE LA DURÉE DE LA SOCIÉTÉ FROMAGÈRE. — SA DISSO-
LUTION. — PARTAGE DE L'ACTIF SOCIAL.

Tous les auteurs qui ont essayé de soumettre les associations fromagères aux règles du Code civil sur le
contrat de société, ont été contraints de rejeter l'application des causes de dissolution énumérées dans l'article 1865. En vain le législateur a-t-il décidé que la société finit par l'expiration du terme pour lequel elle a
été contractée, par la mort, l'interdiction ou la déconfi-
ture de quelqu'un des associés, et par la volonté qu'un
seul ou plusieurs expriment de n'être plus en société ;
les associations fromagères ne se soumettent point à
ces règles. C'est une nouvelle preuve que leur caractère
de *sociétés coopératives* les place en dehors de la réglementation du Code. Que l'un des associés vienne à décéder,
qu'il se retire volontairement de l'association ou qu'il en
soit exclu, la société continue cependant à subsister entre
les autres. Les statuts peuvent même limiter la durée de
l'association à un nombre d'années déterminé ; le seul
effet de cette clause est d'obliger les signataires à demeurer en société jusqu'à l'expiration du terme convenu, à
moins qu'ils n'aient justes motifs de se retirer. Mais, ce

terme une fois arrivé, la société n'est pas dissoute, la licitation du chalet et le partage du prix ne peuvent être
ordonnés. Cette solution peut sembler étrange ; elle se
justifie par cette considération que les associés n'ont pas
voulu, en fixant un terme à leur engagement, que l'expiration de cette durée opérât la dissolution complète
de la société : cette conséquence serait manifestement
contraire au but de la société, aux usages qui la régissent et à l'intention des parties. C'est parce qu'on a mé-
connu le caractère des associations fromagères, et qu'on
a voulu les soumettre à une législation qui n'était pas
faite pour elles, que l'on a été conduit à poser un terme
à leur durée ; cette clause devrait être bannie des statuts sociaux.

A plus forte raison ne saurions-nous approuver les décisions judiciaires qui ont reconnu aux sociétés fromagères le caractère de sociétés annales se prorogeant tacitement d'année en année (Jurisprudence constante du
tribunal de St-Claude. Besançon, 12 mars 1867, 28 mars
1862 ; Pontarlier, 15 mai 1888). Les conséquences de
cette idée seraient qu'à la fin de chaque période la volonté d'un seul des sociétaires pourrait provoquer le
partage de l'actif social et la licitation du chalet : ce
serait la condamnation des sociétés fromagères.

Sans doute l'exercice de la société est ordinairement
suspendu chaque année pendant un certain laps de
temps, celui de la gestation et de la parturition des vaches, mais c'est par nécessité ; sans doute toutes les

années on blanchit les tailles, on vend les fromages, on partage les bénéfices et les dépenses, mais ces opérations de répartition ne permettent pas de conclure à la dissolution de la société. Les choses ne se passent-elles donc pas ainsi dans les sociétés par actions, dans les grandes compagnies de finance et d'industrie? Le but que les associés se sont proposé en établissant les sociétés fruitières a été de pouvoir toujours retirer de leurs propriétés, au moyen de l'industrie fromagère, le seul revenu que peut-être elles puissent leur procurer. S'il fallait, chaque année, organiser une société nouvelle, les frais de premier établissement et ceux de liquidation absorberaient les bénéfices réalisés. Les sociétés fromagères doivent être permanentes comme les besoins qui les ont créées : leur durée est illimitée.

Aucune entrave n'est apportée par cette décision à la liberté individuelle, car chaque membre de la société peut se retirer à la fin d'une année de fabrication. Chaque copropriétaire du chalet, fût-il seul à vouloir fabriquer des fromages, ne fait qu'user de son droit et par suite ne porte aucun préjudice à autrui, en se servant du chalet conformément à sa destination. La dissolution de la société ne peut donc s'opérer que par le consentement de tous les associés. Si l'industrie fromagère venait à être complètement abandonnée et qu'on voulût procéder à la licitation du chalet, il faudrait appeler dans l'instance tous les copropriétaires et non pas seulement les associés de la dernière année (1), ou des trois dernières années (2). Le prix serait réparti proportionnellement aux droits de chacun : nous avons dit déjà que les difficultés de répartition rendraient presque toujours ce partage pratiquement impossible. Ajoutons, à la louange des cultivateurs de nos montagnes, que ces dissolutions sont heureusement très rares.

(1) Guyétand, *op. cit.*, p. 141.
(2) Tripard, *op. cit.*, p. 190.

CHAPITRE IX

En étudiant le régime des fromageries suisses on est
frappé des différences considérables qui le séparent du
régime des associations comtoises. Ces différences sont
autant d'arguments qui établissent l'exactitude de l'origine que nous avons assignée aux sociétés fromagères
de Franche-Comté, car elles dérivent manifestement de
la condition dissemblable dans laquelle ont vécu les habitants de l'une et l'autre contrée. La même industrie
s'est développée, à la même époque, dans un pays de
liberté, l'Emmenthal et la Gruyère, et dans un pays de
servitude, la Franche-Comté. Il est très curieux de suivre les directions divergentes dans lesquelles ses progrès se sont accomplis.

Dans le pays libre nous rencontrons l'initiative de
l'individu. Le fromager exploite pour son profit personnel les pâturages alpestres qui lui appartiennent ou
qu'il loue, en y conduisant chaque année un troupeau
de vaches qui est sa propriété ; si ce troupeau n'est pas
assez nombreux il l'augmente en amodiant quelques

7

têtes de bétail (1) pour obtenir à chaque traite une quantité de lait suffisante. Un chalet est construit au milieu
du pâturage, ces chalets que les poètes ont chantés, que
les peintres n'oublient jamais dans leurs tableaux et
qui ne sont « que de méchantes cabanes remplies du
fumier des troupeaux, de l'odeur des fromages et du lait
fermenté (2) ». « Que la fabrication ait été longtemps
exclusive aux chalets personnels de montagne, écrit
Max Buchon (3), c'est un fait qui résulte des innombra-
bles *Ranz des vaches* qui remplissent la littérature po-
pulaire de la Suisse et notamment de la Suisse alle-
mande. Ces chants populaires, dont nous ne connaissons
à peine, en France, qu'un seul échantillon gruyérien :

> Les armaillis de Colombetta
> De bon matin che chon levâs,
>   Ha! Ha! etc.

se rattachent évidemment au système de mise en pâture
des vaches, vaguant nuit et jour en pleine liberté pendant quatre mois sur les Alpes, et nullement au régime
du bétail retenu perpétuellement à l'écurie, régime
rendu à peu près obligatoire par les fromageries sociétaires qui, en Suisse, datent à peine d'une quarantaine
d'années ». C'est à l'intérêt personnel qu'avait le fromager à perfectionner les procédés de fabrication qu'on

(1) Ce contrat de louage a un nom particulier; on l'appelle l'*al-
page* des vaches (Code civil du canton de Vaud, art. 1313 à 1315).
(2) Chateaubriand.
(3) Max Buchon, *Les fromageries franc-comtoises* (1869), p. 8.

doit attribuer l'abandon, déjà ancien en Suisse, des pratiques routinières.

C'est vers 1820, constate la statistique officielle du canton de Berne, que le colonel Rodolphe d'Effinger fonda à Kiesen la première association fromagère bernoise (1); les habitants en comprirent bientôt l'utilité car ces sociétés se propagèrent avec une rapidité extrême. Le pouvoir législatif ne tarda pas à leur donner une réglementation particulière que nous aurons à étudier dans ses principaux détails.

C'est donc après une évolution de plusieurs siècles que l'industrie fromagère a réussi à constituer en Suisse des associations coopératives. En Franche-Comté, au contraire, cette industrie trouve à son début des associations toutes faites : les communions mainmortables et les communautés d'habitants ; la fabrication des fromages se fait en société ; on fait fruitière entre communiers comme on avait jusqu'alors cultivé et travaillé ensemble pour le profit de la communauté. Les pratiques routinières sont fidèlement conservées et transmises d'âge en âge ; les communions mainmortables et les communautés d'habitants disparaissent : les usages qui les régissaient restent observés dans les sociétés fromagères. Ces sociétés coopératives subsistent en dehors de tout texte de loi : on méconnaît leur caractère parce qu'on ignore leur origine ; les opinions les plus étranges

(1) Gotthelf, *La fromagerie.*

sont émises ; les décisions les plus contradictoires sont rendues. Aujourd'hui encore les sociétés comtoises, plusieurs fois séculaires, conservent leur forme ancienne, sans se soucier des modifications législatives dont elles pourraient profiter ; tandis que les sociétés suisses, de création artificielle, ont depuis longtemps adopté des formes légales parfaitement définies, emprunté à la législation commerciale les avantages des sociétés par actions et obtenu du pouvoir législatif cantonal une réglementation particulière, que le Code fédéral des obligations est venu unifier en 1883.

Dans le canton de Vaud les sociétés fromagères étaient régies par la loi du 30 novembre 1857 :

« Le Grand Conseil du canton de Vaud,

Vu l'importance des sociétés de fromagerie et de laiterie et les services qu'elles rendent au pays ;

Considérant la nécessité de déterminer par une loi ce qui les concerne, tout en laissant la plus grande liberté à chacune de ces sociétés ;

Considérant que quelques-unes des dispositions du Code civil ne péuvent sans inconvénients être appliquées aux fromageries et aux laiteries ;

Décrète :

Art. 1. Les sociétés de fromagerie et de laiterie sont régies par les règlements adoptés pour chacune d'elles.

2. A défaut de dispositions réglementaires, les sociétés de fromagerie et de laiterie sont régies par le droit civil.

3. Les sociétés de fromagerie et de laiterie peuvent revêtir l'une des formes prévues par la loi du 14 décembre 1852 sur les sociétés commerciales ; dans ce cas elles sont régies par les dispositions de cette loi.

4. Les règlements de chaque société de fromagerie et de laiterie sont soumis à la sanction du Conseil d'État ; une fois sanctionnés, ils sont la loi pour tous les associés.

5. Les règlements peuvent imposer des amendes, soit indemnités civiles, pour violation de leurs dispositions, ainsi que statuer la suspension et l'expulsion des membres de la société.

Ils règlent la compétence respective des administrateurs et de l'assemblée générale de la société, déterminent les conséquences de l'expulsion quant aux biens de la société et statuent sur les cas de retraite volontaire.

6. Les règlements de chaque société doivent prévoir les cas de dissolution de la société. Les circonstances mentionnées aux paragraphes 3, 4, 5 et 6 de l'article 1339 du Code civil ne sont pas une cause de dissolution (1).

(1) Voici le texte de cet article qui correspondait à l'article 1865 de notre Code :

La société finit : 1° par l'expiration du temps pour lequel elle est contractée ; 2° par l'extinction de la chose ou la consommation de la négociation ; 3° par la mort naturelle de quelqu'un des associés ; 4° par la mort civile, l'interdiction ou la faillite de l'un d'eux ; 5° par la condamnation de l'un des associés à l'une des peines suivantes (suit l'énumération) ; 6° par la volonté qu'un seul ou plusieurs expriment de n'être plus en société.

7. Toute contestation entre associés, à l'occasion de la société, sera jugée par des arbitres. »

Le 16 mai 1867, le Grand Conseil du canton de Fribourg votait une loi analogue à celle dont nous venons de reproduire les principales dispositions. Le *règlement normal des fromageries*, publié en exécution de cette loi, pose la plupart des principes essentiels au fonctionnement des associations fromagères : la durée de la société est illimitée ; toute personne non signataire qui aura porté une fois son lait à la *fruiterie* sera censée faire partie de la société et adhérer à tous les articles du règlement ; la vente des produits doit avoir lieu en bloc et au profit commun ; le sociétaire exclu de la société, ou celui qui se retire volontairement, n'est pas admis à réclamer sa part du mobilier appartenant à la société ; il demeure copropriétaire des immeubles, mais il en perd la jouissance et ne peut faire valoir ses droits de propriété qu'en cas de liquidation définitive ; tous les risques sont supportés par la société. Pour que la liquidation de la société puisse avoir lieu, elle doit être décidée à la majorité absolue des suffrages des membres signataires de l'acte d'association ; les votes se comptent d'après l'intérêt réel de chacun des sociétaires : celui qui possède de une à cinq vaches aura une voix, de cinq à dix vaches deux voix, et ainsi de suite. Suit enfin une réglementation minutieuse des devoirs des sociétaires, du mode de nomination de la commission, de ses attributions, de la répression des fraudes, de l'engagement et des obligations du fromager.

Avant la promulgation du Code fédéral des obligations, les fromageries du canton de Berne étaient régies par la loi sur les sociétés par actions du 27 novembre 1860. Le *règlement normal* qui suivit cette loi est très remarquable ; nous en reproduisons les dispositions principales.

La durée de la société est fixée à un nombre d'années déterminé ; un capital est souscrit au moyen de l'émission d'actions ; il sert à acheter le chalet et les ustensiles de fabrication ; ce capital peut d'ailleurs être augmenté si de nouveaux associés sont admis dans la société. A la formation de la société chacun de ses membres s'oblige à prendre autant d'actions qu'il a de vaches, et à conserver ce nombre d'actions tant que durera le traité d'association. Celui qui entre dans la société après sa formation est tenu de la même obligation. Les actions des propriétaires sont imputables à leurs fermiers.

Les actions peuvent être aliénées au moyen d'un transfert sur les registres de la société ; si elles sont vendues à un tiers la société a le droit de les reprendre au taux de leur valeur nominale.

L'obligation, pour les fermiers, de posséder des actions cesse avec le bail ; la société est obligée de racheter leurs titres à leur valeur nominale. Les fermiers peuvent être exemptés de l'obligation de prendre des actions ; ils sont alors associés non actionnaires, ne possèdent aucun droit sur le patrimoine de la société et ne peuvent voter sur toutes questions relatives à ce patrimoine.

Un intérêt de quatre pour cent, prélevé sur le produit de la fromagerie, est payé chaque année aux actionnaires.

Dans les délibérations relatives à l'administration de la fromagerie les voix se comptent par têtes ; tout associé, qu'il soit ou non actionnaire, peut y prendre part. Dans celles relatives au capital social les associés actionnaires seuls ont droit de vote, et chacun d'eux peut exiger que les voix soient comptées par actions.

Le fait de posséder une action et celui de livrer son lait à la fromagerie soumettent à toutes les dispositions du règlement. Les administrateurs sont nommés par l'assemblée générale ; ils sont obligés d'accepter, pour un exercice, les fonctions qui leur sont confiées. Le président représente la société vis-à-vis des tiers.

Les apports de lait sont inscrits chaque jour par le fromager sur un livre-journal. Toutes les semaines, ou tous les mois, le secrétaire reporte les livraisons faites du livre-journal au grand-livre. C'est aussi le secrétaire qui est chargé de tenir le livre d'actions. Il arrête chaque année l'état des recettes et celui des dépenses ; son travail est vérifié par deux membres nommés en assemblée générale ; le produit net est partagé entre les sociétaires au prorata du lait fourni par chacun d'eux.

Enfin la dissolution de la société a lieu : 1° par l'expiration de la durée pour laquelle elle a été contractée ; 2° quand les trois quarts des voix, comptées par actions, la réclament ; 3° quand la société est en faillite.

Nous ne prétendons pas que cette réglementation soit parfaite ; elle pourrait toutefois servir de modèle à un essai d'organisation des associations comtoises sous la forme de sociétés par actions.

Le Code fédéral des obligations, entré en vigueur le 1er janvier 1883, a abrogé ces diverses législations cantonales. Aujourd'hui les sociétés de fromagerie sont régies par les articles 678 à 715 de ce Code, au titre des associations : elles jouissent de la personnalité civile sous la seule condition d'être inscrites sur le registre du commerce ; leurs statuts doivent être dressés par écrit et publiés dans la Feuille officielle du commerce ; ils peuvent stipuler que les sociétaires seront exonérés de toute responsabilité personnelle quant aux engagements de l'association, ceux-ci n'étant garantis que par le patrimoine social ; à défaut d'une semblable disposition les sociétaires sont obligés solidairement, et sur tous leurs biens. Liberté complète est laissée aux sociétaires pour déterminer le chiffre du capital social, le montant des apports, le mode de leur versement. Nul n'a droit d'exiger son admission dans la société ; tout associé a la faculté de se retirer à la fin d'un exercice ; les statuts peuvent établir diverses peines telles que l'amende, l'exclusion, contre l'associé qui contreviendra aux règles établies, mais la société n'a pas qualité pour infliger elle-même ces pénalités, le juge a seul droit de les prononcer (1). Toute association doit avoir une di-

(1) En ce sens, C. Cass. (de Lausanne), 21 février 1854.

rection qui la représente en justice et dans ses rapports avec les tiers ; cette direction se compose d'une ou de plusieurs personnes qui peuvent être prises en dehors de la société et dont les noms sont inscrits sur le registre du commerce. Chaque année doivent être établis et publiés les comptes et le bilan de l'exercice écoulé. La société peut être déclarée en faillite soit à la requête des créanciers soit à celle des administrateurs. Il est d'ailleurs loisible aux sociétés de fromagerie de s'établir sous la forme de sociétés par actions ; elles sont alors soumises aux dispositions des articles 612 à 677 du Code des obligations.

Ainsi la loi commune accorde aux sociétés fromagères suisses des facilités et des avantages que les sociétés françaises ne pourraient se procurer qu'en adoptant la forme commerciale.

CONCLUSION

Nous croyons que les fromageries comtoises auraient tout intérêt à suivre l'exemple donné par les fromageries suisses. Nous ne réclamons point pour elles une loi spéciale, qui n'est pas nécessaire : il suffit qu'elles consentent à prendre la forme extérieure qui convient à leur caractère et à leur but, la forme de *sociétés coopératives*. Des actions seraient émises dont la souscription permettrait la construction d'un chalet, l'achat des ustensiles ; la société, prenant ainsi la forme commerciale, serait soumise aux lois et aux usages du commerce (Loi du 1er août 1893, article 6) ; la responsabilité des associés serait limitée à leur apport ; la société aurait la personnalité morale avec tous les avantages qu'elle procure (Loi du 24 juillet 1867, article 53) ; soumise à la juridiction des tribunaux consulaires elle bénéficierait d'une procédure plus rapide et moins coûteuse, elle échapperait aux règles rigoureuses du droit civil ; à la dissolution on éviterait les formalités lentes et compliquées qu'entraîne la liquidation des sociétés civiles ; tout habitant de la circonscription aurait la faculté de faire partie de l'association ; les actions, représentant les droits au chalet, seraient transmises en même temps que la propriété du sol, dont elles deviendraient l'accessoire.

Par ce moyen les sociétés fromagères auraient une
condition juridique parfaitement définie ; elles seraient
défendues contre l'arbitraire, les contradictions et les
erreurs de la jurisprudence par une législation cependant assez large et assez libérale pour ne pas s'opposer
à leur libre développement. Ce ne serait pas un avantage
à dédaigner : les décisions judiciaires que nous avons
reproduites et critiquées autorisent certes les justicia-
bles de notre époque à s'écrier comme ceux des siècles
passés : « Dieu nous garde de l'équité des Parlements ! »

Ajoutons que le projet de loi sur les sociétés coopératives, dont l'adoption est proposée aux assemblées
législatives, accorde des facilités considérables pour la
constitution de ces sociétés, en les dispensant des formalités coûteuses et en les libérant des entraves que la
loi de 1867 imposait à leur formation.

Enfin il serait à souhaiter que les associations fruitières puissent comprendre quel intérêt capital il y aurait
pour elles à se syndiquer ; la loi du 21 mars 1884 le leur
permet. Une fromagerie isolée est à la merci du marchand ; un groupe régional pourrait se passer de cet in-
termédiaire et profiter ainsi du bénéfice qu'il réalise
dans chaque marché. Cette association permettrait aussi
de tenter des essais de crédit agricole et de réaliser des
perfectionnements qui donneraient un nouvel essor à
une industrie demeurée depuis des siècles dans la même
routine. Le succès du syndicat agricole de Poligny, fondé
dès l'année 1884, est un précieux encouragement. L'ap-

pel de quelques hommes d'initiative et de bonne volonté serait certainement entendu de la population si intelligente et si industrieuse de nos belles montagnes comtoises ; nous sommes heureux de terminer ce travail avec l'espoir que cet appel ne se fera pas longtemps attendre.

Vu :
Le Président de la thèse,
FLURER.

Vu :
Le Doyen de la Faculté,
E. CAILLEMER.

Vu et permis d'imprimer :
Le Recteur de l'Académie de Lyon,
G. COMPAYRÉ.

TABLE DES MATIÈRES

Imp. G. Saint-Aubin et Thevenot. — J. THEVENOT, Successeur, Saint-Dizier.

Imp. G. Saint-Aubin et Thevenot. — J. Thevenot, successeur, Saint-Dizier (Hte-Marne).

www.ingramcontent.com/pod-product-compliance
Lightning Source LLC
Chambersburg PA
CBHW072314210326
41519CB00057B/5069